ŒUVRES COMPLÈTES

DE

SIR WALTER SCOTT.

Traduction Nouvelle.

PARIS,

CHARLES GOSSELIN ET **A. SAUTELET ET C°**

LIBRAIRES-ÉDITEURS.

M DCCC XXVII.

H. FOURNIER IMPRIMEUR.

ŒUVRES COMPLÈTES

DE

SIR WALTER SCOTT.

TOME QUARANTE-QUATRIÈME.

IMPRIMERIE DE H. FOURNIER,
RUE DE SEINE, N° 14.

KENILWORTH.

(𝕶𝖊𝖓𝖎𝖑𝖜𝖔𝖗𝖙𝖍.)

TOME TROISIÈME.

« Point de mauvais propos sur la reine Elisabeth, j'espère ! »
SHERIDAN. *Le Critique.*

KENILWORTH.

(Kenilworth.)

CHAPITRE XXVI.

« Entendez-vous le son de la cloche et du cor ?
» La plus belle pourtant n'y répond pas encor.
» Les conviés sont prêts, on va se mettre à table ;
» Mais un nuage obscur cache la plus aimable.
« Cet éclat mensonger, prince trop orgueilleux,
» Devait-il donc ainsi te fasciner les yeux ?
» Ton cœur ne sait-il plus quelle grande distance
» Sépare la vertu de l'altière insolence ?
» Et peux-tu préférer à l'astre étincelant
» L'éclat momentané dont brille un ver luisant ? »

La Pantoufle de verre.

La malheureuse comtesse de Leicester avait été, depuis son enfance, traitée par ceux qui l'entouraient avec une indulgence aussi illimitée que peu judicieuse. La douceur naturelle de son caractère l'avait préservée de l'orgueil et de l'aigreur. Mais le caprice qui avait pré-

1.

féré le beau et séduisant Leicester à Tressilian, dont elle appréciait si bien elle-même l'honneur et l'inaltérable affection; ce fatal caprice qui détruisit le bonheur de sa vie, venait de la tendresse malentendue qui avait épargné à son enfance la leçon pénible, mais indispensable, de la soumission et de la contrainte. La même faiblesse l'avait habituée à n'avoir que des désirs à former et à exciter, en laissant aux autres le soin de les satisfaire; voilà comment, à l'époque la plus critique de sa vie, elle se trouva entièrement dépourvue de présence d'esprit et incapable de se tracer un plan de conduite prudent et raisonnable.

Les difficultés se multiplièrent pour la malheureuse Amy quand elle vit arriver le jour qui allait décider de sa destinée. Sans avoir égard à aucune considération intermédiaire, elle avait seulement souhaité de se trouver à Kenilworth en présence de son époux, et maintenant qu'elle en était si près, le doute et l'inquiétude vinrent effrayer son esprit par la crainte de mille dangers, les uns réels, les autres imaginaires, mais tous aggravés et exagérés par sa position et l'absence de tout conseil.

Une nuit d'insomnie l'avait tellement affaiblie qu'elle se trouva incapable de répondre à Wayland, qui vint l'appeler de bon matin. Le fidèle guide commença à concevoir de vives inquiétudes pour la dame qu'il était chargé de conduire, et à s'alarmer pour lui-même. Il était sur le point de partir seul pour Kenilworth dans l'espoir d'y découvrir Tressilian, et de lui annoncer l'approche d'Amy, lorsque vers les neuf heures du matin elle le fit demander.

Il la trouva prête à poursuivre son voyage; mais sa pâleur lui donna des craintes sur sa santé. Elle lui dit de préparer les chevaux sur-le-champ, et résista avec impatience aux instances que fit son guide pour l'engager à prendre quelque nourriture avant de se remettre en route. — On m'a donné, lui dit-elle, un verre d'eau. Le misérable qu'on traîne au supplice n'a pas besoin d'autre cordial, et je dois m'en contenter comme lui. Faites ce que je vous ordonne.

Wayland hésitait encore. — Que voulez-vous de plus? lui demanda-t-elle; n'ai-je pas parlé clairement?

— Pardonnez-moi, répondit Wayland; mais permettez-moi de vous demander quels sont vos projets. Je ne vous fais cette question qu'afin de me conformer à vos désirs. Tout le pays court à Kenilworth; il serait difficile d'y entrer quand même nous aurions les passe-ports nécessaires pour y être admis. Inconnus et sans amis, il peut nous arriver quelque malheur. Votre Seigneurie me pardonnera de lui offrir mon humble avis; ne ferions-nous pas mieux de chercher à retrouver nos comédiens, et de nous joindre à eux de nouveau? La comtesse secoua la tête. Allons, continua le guide, je ne vois qu'un seul remède.

— Déclare ta pensée, dit-elle, charmée peut-être qu'il lui offrît des avis qu'elle aurait eu honte de lui demander. Je te crois fidèle; que me conseillerais-tu?

— De me permettre d'avertir M. Tressilian que vous êtes ici. Je suis certain qu'il monterait à cheval avec quelques officiers de la maison de lord Sussex, et qu'il viendrait veiller à votre sûreté.

— Et c'est à moi que vous donnez le conseil de me mettre sous la protection de Sussex, de l'indigne rival du noble Leicester! dit la comtesse. Puis, voyant la surprise où ces paroles avaient jeté Wayland, et craignant d'avoir laissé trop paraître l'intérêt qu'elle prenait à Leicester, elle ajouta : — Et quant à Tressilian, cela ne peut être. Ne prononcez pas mon nom devant lui ; je vous l'ordonne ! ce serait accroître mes infortunes, et l'entraîner lui-même dans des dangers auxquels il ne pourrait échapper. Mais observant que Wayland continuait de la regarder d'un œil incertain et inquiet, qui manifestait de véritables doutes sur l'état de son esprit, elle prit un air calme, et lui dit :

— Guide-moi seulement au château de Kenilworth, et ta tâche est terminée ; là je pourrai juger ce qu'il faudra que je fasse ensuite. Tu m'as servie jusqu'ici fidèlement ; voici quelque chose qui te récompensera.

Elle offrit à l'artiste une bague dans laquelle était enchâssé un diamant de grand prix. Wayland la regarda, hésita un moment, et la rendit à la comtesse. — Ce n'est pas, dit-il, que je me croie au-dessus de vos présens, madame, car je ne suis qu'un pauvre diable qui a été forcé, Dieu le sait, d'avoir recours pour vivre à des moyens bien plus humilians que la générosité d'une dame telle que vous ; mais, comme mon ancien maître, le maréchal, avait coutume de dire à ses pratiques : *Point de cure, point de salaire :* nous ne sommes pas encore dans le château de Kenilworth ; et vous aurez, comme on dit, tout le temps de payer votre guide lorsque votre voyage sera entièrement fini. J'espère de tout mon cœur que Votre Seigneurie est aussi assurée d'être accueillie convenablement à son arrivée qu'elle peut l'être que je ferai tous mes efforts pour l'y conduire en sûreté. Je vais chercher les chevaux. Permettez-moi de vous presser de nouveau, comme votre guide et un peu comme votre médecin, de prendre quelque nourriture.

—Oui, j'en prendrai, dit-elle avec vivacité; allez préparer tout sur-le-champ. — C'est en vain que je veux montrer de l'assurance, ajouta-t-elle en se parlant à elle-même lorsqu'il eut quitté la chambre; ce pauvre domestique lui-même voit mes craintes trahir ce courage affecté, et sonde toute ma faiblesse.

Alors elle essaya de prendre quelque nourriture pour suivre les conseils de son guide; mais elle y renonça, car le premier morceau qu'elle s'efforça de goûter lui causa une sensation si pénible qu'elle crut étouffer. Un instant après les chevaux parurent sous la fenêtre. Amy se plaça sur le sien, et trouva le soulagement qu'on éprouve dans l'air libre et le changement de lieu.

Il arriva, heureusement pour les projets de la comtesse, que Wayland, qui, grace à son genre de vie irrégulier et vagabond, avait traversé l'Angleterre dans tous les sens, connaissait aussi bien les chemins de traverse et les sentiers détournés que les routes directes du riche comté de Warwick; car la multitude qui se rendait à Kenilworth pour voir l'entrée de la reine dans cette magnifique résidence de son premier favori, était telle que les principales routes étaient encombrées et inabordables, et que les voyageurs ne pouvaient avancer qu'en faisant de longs circuits.

Les pourvoyeurs de la reine avaient parcouru la contrée en levant dans les fermes et les villages toutes les provisions qu'on exigeait ordinairement dans les voyages de la cour, et pour lesquelles les propriétaires devaient ensuite obtenir un paiement tardif du *tapis vert* (1). Les

(1) Ce qu'on appelait autrefois en France les requêtes de l'hôtel.
ÉD.

officiers de la maison du comte de Leicester avaient visité les environs dans les mêmes intentions ; et beaucoup de ses amis et de ses parens profitaient de cette occasion pour s'insinuer dans les bonnes graces du favori, en envoyant quantité de provisions de toute espèce, des monceaux de gibier et des tonneaux des meilleures liqueurs, tant du pays que venant de l'étranger. Les grandes routes étaient couvertes de troupeaux de bœufs, de moutons, de veaux et de porcs, et encombrées de chariots pesamment chargés, dont les essieux gémissaient sous leurs fardeaux. A chaque instant, le passage était obstrué par ces voitures, qui s'accrochaient entre elles ; et leurs grossiers conducteurs, jurant et criant jusqu'à ce que leur colère brutale fût portée au dernier degré, commençaient à se disputer le pas avec leurs fouets et leurs gros bâtons. Ces disputes étaient ordinairement apaisées par quelque pourvoyeur, prévôt suppléant, ou quelque autre personne d'autorité dont le bras s'appesantissait sur la tête des querelleurs.

Il y avait en outre des acteurs, des mimes et des jongleurs de toute espèce, qui suivaient en troupes joyeuses les routes qui conduisaient au palais du *Plaisir Royal;* c'est le nom que les ménestrels ambulans avaient donné à Kenilworth dans les poésies qui avaient déjà paru par anticipation sur les fêtes qu'on devait y célébrer. Au milieu de ces scènes confuses, des mendians étalaient leur misère réelle ou prétendue ; contraste étrange, quoique commun, entre les vanités et les douleurs de la vie humaine ! Une population immense, rassemblée par la seule curiosité, accourait aussi sur les mêmes routes. Ici l'ouvrier, avec son tablier de cuir, coudoyait la dame élégante, sa supérieure à la ville ; là des paysans avec des souliers ferrés, marchaient sur les escarpins des bourgeois aisés ou des gentilshommes respectables ; et Jeanne la laitière, à la démarche lourde et aux bras hâlés et vigoureux, s'ouvrait un chemin au milieu de ces jolies petites poupées dont les pères étaient chevaliers ou gentilshommes.

Toute cette multitude avait cependant un caractère de gaieté pacifique. Tous venaient prendre leur part du plaisir, et tous riaient des petits inconvéniens qui dans d'autres momens auraient pu exciter leur mauvaise humeur ou leur colère. Excepté les rixes accidentelles qui s'élevaient, comme nous l'avons dit, parmi la race irritable des charretiers, tous les accens confus qu'on entendait dans cette foule étaient ceux du contentement, d'une joyeuse franchise. Les musiciens préludaient sur leurs instrumens ; les ménestrels fredonnaient leurs chansons ; le bouffon de profession, en brandissant sa batte, poussait des cris de folie et de gaieté ; les danseurs faisaient sonner leurs clochettes ; les gens de la campagne criaient et sifflaient ; les hommes riaient aux éclats ; les filles faisaient entendre leurs voix perçantes, pendant qu'une grosse plaisanterie partait d'un côté, comme un volant, pour être retenue dans l'air et renvoyée du côté opposé de la route par celui à qui elle s'adressait.

Rien n'est peut-être plus cruel pour une ame absorbée par la tristesse que d'être obligée d'assister à des scènes de réjouissance, qui sont bien loin d'être en harmonie avec les sentimens qu'elle éprouve. Cependant le tumulte et la confusion de ce spectacle donnèrent quelques distractions à la comtesse de Leicester, et lui rendirent le triste service de l'empêcher de réfléchir à ses malheurs, ou de former d'avance des idées sombres de son sort.

Elle marchait comme une personne sous l'influence d'un songe, s'abandonnant entièrement à la conduite de Wayland, qui montrait la plus grande adresse. Tantôt il se frayait un chemin à travers la foule, tantôt il s'arrêtait pour attendre une occasion favorable de s'avancer; et souvent, quittant la route directe, il prenait des sentiers sinueux qui l'y ramenaient, après lui avoir donné la facilité de faire une bonne partie du chemin avec plus d'aisance et de rapidité.

Ce fut ainsi qu'il évita Warwick, où Élisabeth s'était reposée la nuit précédente dans le château, superbe monument de la splendeur des siècles de la chevalerie, que le temps a respecté jusqu'à ce jour. Elle devait s'y arrêter jusqu'à midi, qui était alors en Angleterre l'heure du dîner, et, après ce repas, repartir pour Kenilworth. Le long du chemin, chaque groupe avait quelque chose à dire à la louange de la reine, non sans y mêler cependant un peu de cette satire qui assaisonne ordinairement le jugement que nous portons sur notre prochain, surtout s'il est au-dessus de nous.

— Avez-vous entendu, dit quelqu'un, avec quelle grace elle a parlé au Bailli, à l'Archiviste (1) et au bon M. Griffin le Ministre, lorsqu'il était à genoux à la portière de son carrosse?

— Oui; et comme elle a dit ensuite au petit Aglionby: Maître Archiviste, on a voulu me persuader que vous aviez peur de moi; mais en vérité vous m'avez si bien fait l'énumération des vertus d'un souverain que je vois

(1 Recorder. — Éd.

que c'est moi qui ai tout sujet d'avoir peur de vous. Et ensuite avec quelle grace elle a pris la belle bourse où étaient les vingt souverains d'or, paraissant ne vouloir pas la toucher ; mais elle l'a prise néanmoins.

— Oui, oui, dit un autre ; ses doigts m'ont semblé se fermer sur la bourse assez volontiers ; et j'ai cru remarquer que la reine la pesait un moment dans sa main, comme pour dire : J'espère qu'ils sont de poids.

— Elle n'avait rien à craindre de ce côté-là, voisin, dit un troisième. Ce n'est que lorsque la corporation paie les comptes d'un pauvre ouvrier comme moi qu'elle le renvoie avec des pièces rognées. Heureusement, il y a un Dieu là-haut. Le petit archiviste, puisqu'on le nomme ainsi, va être maintenant plus grand que jamais.

— Allons, mon bon voisin, dit celui qui avait parlé le premier, ne soyez point envieux ; Élisabeth est une reine bonne et généreuse. Elle a donné la bourse au comte de Leicester.

— Moi envieux ! le diable t'emporte pour ce mot-là ! répliqua l'ouvrier. Mais je pense qu'elle donnera bientôt tout au comte de Leicester.

— Vous allez vous trouver mal, madame, dit Wayland à la comtesse ; et il lui proposa de quitter le grand chemin, et de s'arrêter jusqu'à ce qu'elle fût un peu remise. Mais Amy maîtrisa les émotions que lui firent éprouver ces paroles et d'autres de même nature qui frappèrent ses oreilles pendant leur chemin, et elle insista pour que son guide la conduisît à Kenilworth avec toute la célérité que permettaient les nombreux obstacles de la route. L'inquiétude de Wayland au sujet de ses faiblesses réitérées et de l'absence visible de son esprit augmentait à chaque instant, et il commençait à désirer impatiemment de la voir, selon ses demandes réitérées, dans le château, où il ne doutait pas qu'elle ne fût assurée d'un bon accueil, quoiqu'elle semblât ne vouloir pas avouer sur qui elle fondait ses espérances.

— Si je suis une fois hors de ce péril, pensait-il, et que quelqu'un me reprenne à servir d'écuyer à une demoiselle errante, je lui permets de me briser la tête avec mon marteau de forgeron.

Enfin parut le magnifique château de Kenilworth (1), aux embellissemens duquel et à l'amélioration des domaines qui en dépendaient le comte de Leicester avait, dit-on, dépensé soixante mille livres sterling, somme égale à un demi-million de ce temps-là (2).

Les murs extérieurs de ce superbe et gigantesque édifice renfermaient sept acres (3), dont une partie était occupée par de vastes écuries et un jardin de plaisance avec des bosquets élégans et des parterres remplis de fleurs; le reste formait la première cour ou cour extérieure.

Le bâtiment qui s'élevait au milieu de cette spacieuse enceinte était composé de plusieurs corps de logis magnifiques, qui paraissaient avoir été construits à différentes époques, et qui entouraient une cour intérieure. Le nom et les armoiries de chaque partie séparée rappelaient le souvenir de seigneurs puissans, morts depuis long-temps, et dont l'histoire, si l'ambition eût su l'entendre, aurait donné une utile leçon au favori orgueil-

(1) Voyez la vignette du titre de ce volume.
(2) Plus de douze millions de France. — Éd.
(3) Mesure de sept cent vingt pieds français de long, sur soixante-douze de large. — Éd.

leux qui avait acquis et augmenté leurs domaines. Le vaste donjon qui formait la citadelle du château datait de l'antiquité la plus reculée, quoiqu'on ne sût rien de précis sur l'époque où il avait été bâti.

Il portait le nom de César, peut-être à cause de sa ressemblance avec celui du même nom qu'on voit à la Tour de Londres. Quelques antiquaires prétendaient que ce fort avait été élevé par Kenelph, roi saxon de Mercie (1), qui avait donné son nom au château, et d'autres qu'il avait été bâti peu de temps après la conquête des Normands. Sur les murs extérieurs était l'écusson des Clinton, qui les avait fondés sous le règne de Henry Ier, ainsi que celui de Simon de Montfort, encore plus redoutable, qui, dans les Guerres des Barons, avait long-temps défendu Kenilworth contre le roi Henry III. Mortimer, comte de March, fameux par son élévation et par sa chute, y avait jadis donné des fêtes et des carrousels pendant que son souverain détrôné, Édouard II, languissait dans les cachots mêmes du château. Le vieux Jean de Gaunt (de l'antique race de Lancastre (2) avait beaucoup agrandi cet édifice en construisant l'aile qui porte encore le nom de bâtiment de Lancastre; mais Leicester avait surpassé ses prédécesseurs, tout riches et puissans qu'ils étaient, en érigeant une immense façade, qui a disparu sous ses propres ruines, monument de l'ambition de son fondateur. Les murs extérieurs de cette résidence vraiment royale étaient baignés par un lac, en partie artificiel, sur lequel Leicester avait fait construire un pont magnifique,

---

(1) Un des royaumes de l'Heptarchie. — Éd.
(2) Time honoured Lancaster. *Shakspeare* — Éd.

afin qu'Élisabeth pût entrer au château par un chemin pratiqué pour elle seule. L'entrée ordinaire était du côté du nord, où il avait élevé, pour la défense du château, une haute tour (1) qui existe encore, et qui surpasse, par son étendue et le style de son architecture, le château de plus d'un chef du nord.

De l'autre côté du lac il y avait un parc immense, peuplé de daims, de chevreuils, de cerfs et de toutes sortes de gibier. Ce bois était planté d'arbres superbes, du milieu desquels la façade du château et ses tours massives semblaient sortir majestueusement. Nous ne pouvons nous empêcher d'ajouter ici que ce noble palais, qui reçut des rois dans son enceinte, et que les guerriers illustrèrent tour à tour par de véritables et sanglans assauts, et par des joûtes chevaleresques où la beauté distribuait les prix obtenus par la valeur, n'offre plus aujourd'hui qu'une scène de ruines. Son lac est devenu une prairie humide où croît le jonc (2), et ses ruines immenses ne servent qu'à donner une idée de son ancienne splendeur, et à faire mieux apprécier au voyageur qui réfléchit la vanité des richesses de l'homme, et le bonheur de ceux qui jouissent de la médiocrité avec un vertueux contentement.

Ce fut avec des sentimens bien différens que la malheureuse comtesse de Leicester considéra ces tours nobles et antiques lorsqu'elle les vit pour la première fois s'élever au-dessus des bois touffus sur lesquels elles semblaient dominer. L'épouse légitime du favori d'Éli-

---

(1) *Barbican* ou *Gate-House*. — Éd.

(2) *A Rushy-Swamp*. C'est une vaste prairie dont l'excavation révèle le bassin du lac. — Éd.

sabeth, de l'homme de prédilection de l'Angleterre, s'approchait de la demeure de son époux, et se préparait à paraître en présence de sa souveraine, protégée plutôt que guidée par un pauvre jongleur ; et quoique maîtresse de ce château orgueilleux, dont les portes pesantes auraient dû tourner d'elles-mêmes sur leurs gonds à son moindre signal, elle ne pouvait se dissimuler les obstacles et les dangers qui s'opposaient à sa réception dans des murs où elle avait droit de commander.

En effet, les difficultés semblaient s'accroître à chaque instant; et bientôt nos voyageurs eurent à craindre qu'il ne leur fût pas possible d'avancer au-delà d'une grande barrière qui conduisait à une belle avenue pratiquée dans la forêt dont nous avons parlé. Cette route offrait, pendant un espace de deux milles, les plus beaux points de vue du château et du lac, et aboutissait au pont nouvellement construit, qui semblait en être une dépendance. C'était le chemin que la reine devait suivre pour se rendre au château dans cette mémorable journée.

La comtesse et Wayland trouvèrent la barrière de cette avenue, qui donnait sur la route de Warwick, gardée par une compagnie de *yeomen* à cheval de la garde de la reine. Ils étaient couverts de cuirasses richement ciselées et dorées; ils portaient des casques au lieu de toques, et tenaient la crosse de leurs carabines appuyée sur la cuisse. Ces gardes, toujours de service partout où la reine allait en personne, étaient sous les ordres d'un poursuivant d'armes, que la plaque qu'il portait au bras, et sur laquelle étaient gravés l'ours et le bâton, armoiries de son maître, annonçaient comme étant de la maison du comte de Leicester. Il ne laissait entrer absolument que les personnes invitées à la fête, et les gens qui devaient faire partie des spectacles et des amusemens.

La foule se pressait autour de cette barrière, et chacun alléguait quelque motif différent pour être admis; mais les gardes inexorables opposaient à leurs prières la sévérité de leur consigne, fondée sur l'aversion bien connue que la reine avait pour l'empressement grossier de la populace. Ceux qui ne se contentaient pas de ces raisons étaient traités plus durement; les soldats les repoussaient sans cérémonie à l'aide de leurs chevaux bardés de fer ou avec la crosse de leurs carabines. Ces manœuvres produisaient parmi la foule des ondulations qui faisaient craindre à Wayland de se trouver séparé tout à coup de sa compagne; il ne savait pas non plus quelle raison donner pour obtenir la permission d'entrer; et il discutait cette question dans sa tête avec une grande perplexité, lorsque le poursuivant d'armes, ayant par hasard jeté les yeux sur lui, s'écria, à son grand étonnement : — Soldats, faites place à cet homme au manteau jaune. Avancez, maître farceur, et dépêchez-vous! Qui diable a pu vous retenir? Avancez, dis-je, avec votre balle de colifichets.

Pendant que le poursuivant adressait à Wayland cette invitation pressante, mais peu courtoise, les yeomen ouvrirent promptement un passage. Il ne fit qu'avertir sa compagne de bien se cacher le visage, et il entra, conduisant par la bride le cheval de la comtesse, mais d'un air si humilié, et dans lequel se peignaient tant de crainte et d'inquiétude, que la foule, jalouse de cette préférence, les salua de huées et de rires insultans.

Ainsi admis dans le parc, quoique l'accueil qu'on leur avait fait fût loin d'être flatteur, Wayland et la comtesse songeaient aux obstacles qu'ils auraient encore à surmonter pour traverser la vaste avenue garnie des deux côtés d'une longue file de gens armés d'épées et de pertuisanes, richement vêtus des livrées du comte de Leiscester, et portant ses armoiries.

Ces soldats étaient placés de trois en trois pas, de manière à garnir toute la route depuis l'entrée du parc jusqu'au pont : aussi, lorsque la comtesse aperçut l'aspect imposant du château avec ses créneaux, ses tourelles et ses plates-formes; les nombreuses bannières flottant sur les murailles, les panaches éclatans, les plumes ondoyantes qui brillaient sur les terrasses et sur les créneaux; lorsqu'elle contempla, dis-je, ce magnifique spectacle, son cœur, peu accoutumé à tant de splendeur, en fut accablé, et elle se demanda un moment ce qu'elle avait pu offrir à Leicester pour mériter de partager avec lui cette pompe royale. Mais sa fierté et son généreux enthousiasme résistèrent à ces suggestions, qui l'eussent plongée dans le désespoir.

— Je lui ai donné, disait-elle, tout ce que peut donner une femme; mon nom, ma réputation, mon cœur et ma main. Voilà ce que j'ai donné au pied des autels au seigneur de cette magnifique demeure, et la reine d'Angleterre n'aurait pu lui en offrir davantage. Il est mon époux; je suis sa femme légitime : l'homme ne séparera point ceux que Dieu a unis. Je réclamerai mes droits, et avec d'autant plus d'assurance que je viens à l'improviste et dépourvue de tout secours. Je connais mon noble Dudley! Il sera irrité un moment de ma désobéissance; mais Amy versera des larmes, et Dudley lui pardonnera.

Ces pensées furent interrompues par un cri de surprise de son guide Wayland, qui se sentit tout d'un coup fortement étreint par deux longs bras noirs et maigres, appartenant à un individu qui s'était élancé des branches d'un chêne sur la croupe de son cheval, au milieu des éclats de rire des sentinelles.

— Ce ne peut être que le diable ou Flibbertigibbet, dit Wayland après de vains efforts pour se débarrasser et désarçonner le nain qui se tenait fortement à lui. Est-ce que les chênes de Kenilworth portent de pareils glands?

— Certainement, maître Wayland, dit ce compagnon inattendu, et des glands beaucoup trop durs pour que vous puissiez les casser, tout vieux que vous êtes, si je ne vous montre comment il faut vous y prendre. Comment auriez-vous pu passer à la première barrière, où est le poursuivant d'armes, si je ne l'eusse averti que notre principal jongleur allait nous suivre? Je vous ai attendu dans les branches d'un arbre, où je suis monté en grimpant sur notre charrette; et toute la troupe, à l'heure qu'il est, ne doit plus savoir où donner de la tête en mon absence.

—Allons, maintenant je vois que tu es tout de bon le fils du diable, dit Wayland. Je reconnais ta supériorité, nain protecteur! Montre-nous seulement autant de bonté que tu as de pouvoir.

En parlant ainsi, ils arrivèrent à une forte tour située à l'extrémité méridionale du pont dont nous avons parlé, et qui défendait l'entrée extérieure du château de Kenilworth.

Ce fut dans des circonstances aussi malheureuses pour elle, et dans une compagnie aussi singulière, que la comtesse de Leicester fit sa première entrée dans la magnifique résidence d'un époux qui était presque l'égal des princes.

CHAPITRE XXVII.

> Snug. « Avez-vous par écrit le rôle du lion ? Donnez-le-
> » moi, je vous prie ; car je n'apprends pas
> » vite.
> Quince. » Oh ! vous pourrez l'improviser, il ne consiste
> » qu'à rugir. »
>
> Shakspeare. *Le Songe d'une nuit d'été.*

Quand la comtesse de Leicester fut arrivée à la porte extérieure du château de Kenilworth, elle vit que la tour au-dessous de laquelle s'ouvrait la porte principale était gardée d'une manière singulière. Sur les créneaux, des sentinelles d'une taille gigantesque, portant des haches d'armes, des massues et d'autres armes antiques, représentaient les soldats du roi Arthur, ces anciens Bretons qui, selon la tradition, avaient les premiers occupé le château, quoique l'histoire ne fasse remonter son antiquité qu'au temps de l'Heptarchie. Quelques-uns de ces étranges gardiens étaient des hommes véritables, avec des masques et des brodequins; les autres n'étaient que des mannequins de carton revêtus de bougran, et qui, vus d'en bas, faisaient une illusion complète. Mais le concierge colossal qui, placé sous l'entrée, remplissait les fonctions de garde de la porte, n'avait eu besoin d'aucun moyen factice pour se rendre formidable. Grace à ses membres énormes et à la hauteur de sa taille, il aurait pu représenter Colbrand, Ascapart, ou tout autre géant des romans, sans qu'il lui fût nécessaire de se grandir d'un pouce. Il avait les jambes et les genoux nus, de même que les bras à quelques lignes des épaules; ses pieds étaient chaussés de sandales nouées avec des courroies de cuir rouge qui se croisaient, et garnies d'agrafes de bronze. Une étroite jaquette de velours écarlate avec des ganses d'or, et des culottes de la même étoffe, couvraient son corps et une partie de ses membres; une peau d'ours, jetée sur ses épaules, lui tenait lieu de manteau. Sa tête était découverte; des cheveux noirs et touffus ombrageaient son front. Tous ses traits avaient ce caractère lourd et farouche qui, à peu d'exceptions près, a fait attribuer à tous les géans un esprit stupide et chagrin. L'arme de ce Cerbère répondait au reste de son accoutrement; c'était une énorme massue garnie de pointes d'acier : en un mot, il représentait parfaitement un de ces anciens géans qu'on voit figurer dans les contes des fées et dans les histoires de chevalerie.

Les manières de ce moderne Titan, lorsque Wayland fixa ses regards sur lui, indiquaient beaucoup d'embarras et d'anxiété : tantôt il s'asseyait sur l'énorme banc de pierre placé près de la porte; tantôt il se relevait, grattait sa tête monstrueuse, faisait quelques pas en avant, et revenait à son poste. Ce fut au moment où ce terrible concierge allait et venait dans cet état d'agitation, que Wayland, affectant une assurance naturelle qu'il n'avait pas, s'avança pour entrer dans le château. — Halte-là! lui cria le géant d'une voix de tonnerre; et, relevant son énorme massue comme pour rendre ses ordres plus positifs, il en frappa la terre presque sous les naseaux du cheval de Wayland. Le feu jaillit du pavé, et la voûte en retentit.

Alors Wayland, profitant de l'avis de Flibbertigibbet, dit qu'il appartenait à la troupe des comédiens, que sa présence était nécessaire au château, et que c'était par accident qu'il se trouvait en arrière. Mais le gardien fut inexorable, et recommença à grommeler des mots que Wayland n'entendit qu'imparfaitement, excepté le refus qu'il répétait de le laisser entrer. Voici un échantillon de son discours. — (Se parlant à lui-même) : Il y a un tumulte! un vacarme! —(S'adressant à Wayland) : Vous êtes un traîneur, vous n'entrerez pas. — (A lui-même) : Il y a une foule...! — Il y a une cohue...! je n'en saurais venir à bout... — (A Wayland) : Allons, hors d'ici, ou je te casse la tête...! — (A lui-même) : Il y a..... non, non... je n'en viendrai jamais à bout.

— Attendez un moment, dit Flibbertigibbet à Wayland, je sais où le soulier le blesse; je l'aurai bientôt apprivoisé.

Alors il descendit de cheval, et, s'approchant du portier, il tira la queue de sa peau d'ours pour lui faire baisser son énorme tête; puis il lui dit quelques mots à l'oreille : jamais talisman possédé par un prince de l'Orient n'opéra plus promptement, plus miraculeusement sur l'esprit d'un noir Afrite (1). A peine Flibbertigibbet lui eut-il parlé, qu'il adoucit l'expression de son visage; il laissa tomber sa massue, saisit le petit lutin, et l'éleva de terre à une hauteur dont il eût été périlleux pour lui de tomber.

— Oui, c'est bien cela! s'écria-t-il avec une voix de tonnerre, c'est cela même, mon petit bonhomme! mais qui diable a pu te l'apprendre?

— Ne vous en inquiétez pas, répondit Flibbertigibbet; mais..... Alors il regarda Wayland et la dame, et prononça ce qu'il avait à dire à voix basse, n'ayant pas besoin de parler haut; car le géant, pour sa commodité, l'avait élevé jusqu'à son oreille. Après l'avoir embrassé, le portier le remit à terre avec autant de précaution qu'une prudente ménagère quand elle replace sur sa cheminée une tasse de porcelaine fêlée. Il rappela Wayland et la dame..... Entrez, leur dit-il, entrez; et prenez garde à l'avenir de ne pas arriver trop tard quand je serai encore portier.

— Allons, avancez, dit Flibbertigibbet; je vais rester un moment avec mon brave Philistin Goliath de Gath. Je vous rejoindrai bientôt, et je pénétrerai dans vos secrets, fussent-ils aussi profonds que les souterrains du château.

Je crois que tu y réussiras, pensa Wayland; mais j'espère que bientôt ce secret ne sera plus sous ma garde, et alors peu m'importe qu'il soit connu de toi ou de tout autre.

La comtesse et son guide entrèrent dans le château, et traversèrent la première tour, appelée la tour de la

---

(1) Mauvais génie de la Mythologie orientale. — Éd

Galerie, voici pourquoi : le pont qui s'étendait depuis cette tour jusqu'à une autre située sur le côté opposé du lac, et appelée la tour de Mortimer, était disposé de manière à former une spacieuse arène d'environ soixante-cinq toises de longueur sur cinq de largeur, couverte du sable le plus fin, et défendue de chaque côté par de hautes et fortes palissades. Une grande et large galerie destinée aux dames, pour les spectacles des joûtes qui devaient avoir lieu sur cette arène, avait été construite au nord de la tour extérieure, à laquelle elle donnait son nom. Nos voyageurs traversèrent ce pont pour arriver à la tour de Mortimer, située à l'autre extrémité, et ils entrèrent dans la cour extérieure du château.

Cette tour portait sur son fronton les armes du comte de March, dont l'audacieuse ambition renversa le trône d'Édouard II, et aspira à partager l'autorité suprême avec *la Louve de France* (1), épouse de cet infortuné monarque.

La porte sur laquelle on voyait cet écusson de funeste présage était gardée par plusieurs sentinelles revêtues de riches livrées. Ils laissèrent passer la comtesse et son guide, car le concierge de la tour et des galeries leur ayant ouvert la porte, il n'y avait plus de raison pour les arrêter. Les voyageurs s'avancèrent en silence dans la grande cour, d'où ils purent apercevoir librement ce vaste et antique château avec ses tours majestueuses. Toutes les portes avaient été ouvertes en signe

---

(1) Isabelle, fille de Philippe-le-Bel, qui se ligua avec Mortimer contre Édouard. Édouard dépossédé eut pour prison le château de Kenilworth. — Éd.

d'hospitalité, et les appartemens étaient remplis d'hôtes du rang le plus distingué, suivis d'un nombre considérable de vassaux, de domestiques et de tout le cortège ordinaire des festins et de la joie.

Wayland arrêta son cheval en jetant les yeux sur la comtesse, comme pour lui demander ce qu'il fallait faire à présent qu'ils étaient arrivés au lieu de leur destination. La comtesse garda le silence; alors Wayland, après avoir attendu une minute ou deux, se hasarda à lui demander ses ordres. Amy passa sa main sur son front comme pour recueillir ses idées et prendre une résolution. Puis elle répondit d'une voix à demi étouffée, comme une personne qui parle dans un rêve pénible : — Mes ordres? Oui, j'ai sans doute le droit d'en donner; mais qui voudrait m'obéir?

Après ces mots, elle releva fièrement la tête, comme quelqu'un qui prend un parti décisif; et s'adressant à un valet de belle livrée qui traversait la cour avec un air affairé :

— Arrêtez, lui dit-elle, et allez dire au comte de Leicester que je désire lui parler.

— Au comte de Leicester! répondit le domestique, surpris de cette demande. Et jetant les yeux sur le mince équipage de celle qui prenait ce ton d'autorité, il ajouta avec arrogance :—Tiens! quelle est donc cette échappée de Bedlam, qui demande à voir mon maître dans un jour comme celui-ci?

— Épargnez-moi vos impertinences, répondit la comtesse; les affaires que j'ai avec le comte sont de la plus haute importance.

— Adressez-vous à quelque autre que moi pour faire vos commissions. Vos affaires fussent-elles dix fois plus

importantes, je ne m'en chargerais pas. Moi, j'irais déranger mon maître qui est avec la reine, et cela pour
votre bon plaisir! oui vraiment! je pourrais m'attendre
à recevoir pour récompense quelques bons coups d'é-
trivières. Il est bien étonnant que notre vieux portier
laisse entrer de semblables personnes, au lieu de
prendre leur mesure avec sa massue : mais le pauvre
homme n'a plus sa tête depuis qu'il est forcé d'apprendre une harangue par cœur.

Le ton railleur avec lequel s'exprimait ce valet en fit
approcher deux ou trois autres; alors Wayland, alarmé
pour lui-même et pour la comtesse, s'adressa à celui
d'entre eux qui lui parut être le plus civil, et lui glissant une pièce de monnaie dans la main, entra un moment en conférence avec lui, et le pria de chercher un
gîte pour la dame qu'il conduisait. Celui à qui cette
prière s'adressait, et qui semblait avoir quelque autorité dans le château, gronda l'insolent valet de son impolitesse, lui ordonna de prendre soin des chevaux de
ces étrangers, et les pria de le suivre.

Amy avait conservé assez de présence d'esprit pour
sentir qu'il fallait renoncer à voir Leicester dans l'instant même; et, méprisant les insultes de ces impertí-
nens laquais et les basses plaisanteries qu'ils faisaient
sur les jolies coureuses d'aventures, elle suivit en silence son nouveau guide avec Wayland.

Ils entrèrent dans la cour intérieure par une grande
porte placée entre la principale tour ou donjon, appelée la tour de César, et un grand corps de bâtiment
connu sous le nom de logement du roi Henry. Ils se
trouvèrent alors au centre de ce vaste édifice dont les
différentes façades présentaient de superbes modèles de

tous les genres d'architecture, depuis la Conquête jusqu'au règne d'Élisabeth.

Ils traversèrent cette cour. Leur guide les conduisit dans une petite tour située au nord-est du château, près de la grand'salle, et qui la séparait du large bâtiment destiné aux différentes cuisines. Le bas de cette tour était occupé par des officiers de la maison de Leicester, que les devoirs de leur charge appelaient dans cette partie du château. A l'étage supérieur, auquel on montait par un petit escalier en spirale, se trouvait une chambre qui, dans le besoin de logement où l'on était, avait été destinée à recevoir quelque étranger. Cette chambre était restée long-temps abandonnée, et le bruit courait qu'un prisonnier qu'on y avait enfermé, y avait été jadis assassiné. Ce prisonnier, nommé Mervyn, avait laissé son nom à la tour. Il est en effet probable que ce lieu servait autrefois de prison. Chaque étage était voûté, les murs avaient une épaisseur prodigieuse, et l'étendue de la chambre n'excédait pas quinze pieds carrés.

La fenêtre qui l'éclairait était fort étroite; mais elle s'ouvrait sur ce qu'on appelait *la Plaisance*, nom par lequel on désignait un enclos décoré d'arcs de triomphe, de trophées, de fontaines, de statues et d'autres ornemens d'architecture, et qui servait de passage pour aller au jardin du château.

Il y avait dans la chambre où la comtesse fut introduite un lit et d'autres meubles évidemment préparés pour la réception de l'hôte qui devait y loger; mais elle y fit peu d'attention : ses regards se tournèrent uniquement sur les objets nécessaires pour écrire qu'elle aperçut sur une table, chose rare dans une chambre à coucher de ce temps-là. Il lui vint aussitôt dans l'esprit d'écrire au comte de Leicester, et de rester renfermée jusqu'à ce qu'elle eût reçu sa réponse.

L'officier qui leur avait servi de guide demanda poliment à Wayland, dont il avait éprouvé la générosité, s'il y avait encore quelque chose à faire pour son service. Wayland lui ayant fait entendre que quelques rafraîchissemens ne lui seraient pas désagréables, il conduisit notre maréchal à l'office, où l'on distribuait avec profusion des comestibles de toute espèce à tous ceux qui en demandaient. Wayland choisit quelques alimens légers, qu'il crut devoir convenir au palais délicat d'une dame; mais, pour son compte, il ne laissa pas échapper cette occasion de faire à la hâte un repas solide; il retourna ensuite à la chambre de la tour. La comtesse venait de finir sa lettre, et, n'ayant ni cachet ni fil de soie, elle l'avait entourée d'une boucle de ses cheveux, dont elle avait formé un lacs d'amour.

— Fidèle ami, dit-elle à Wayland, toi que le ciel m'a envoyé pour me secourir dans mes plus pressantes infortunes, je te prie, et c'est le dernier soin que tu prendras d'une infortunée, je te prie de porter cette lettre au noble comte de Leicester. De quelque manière qu'il la reçoive, dit-elle avec une agitation mêlée de crainte et d'espérance, c'est le dernier service que tu auras à me rendre. Mais je m'abandonne à l'espoir. Que les jours de mon ancien bonheur renaissent, et nuls services n'auront été mieux payés que les tiens, comme nulle récompense n'aura été mieux méritée. Remets cette lettre à Leicester lui-même, et remarque surtout de quel air il la recevra.

Wayland se chargea sans hésiter de la commission :

mais il pria avec instance la comtesse de prendre quelque nourriture; elle y consentit par complaisance pour son compagnon, et afin qu'il se rendît plus tôt auprès du comte. Wayland partit, et lui recommanda de fermer sa porte en dedans, et de ne pas sortir de sa chambre; puis il alla chercher l'occasion de s'acquitter de son message et d'exécuter en même temps un projet que les circonstances lui avaient suggéré.

Dans le fait, la conduite d'Amy pendant tout le voyage, son silence prolongé, l'irrésolution et l'incertitude qui présidaient à tous ses pas, son impuissance absolue de penser, d'agir par elle-même, faisaient conclure à Wayland, avec assez de vraisemblance, que les embarras de sa position avaient jusqu'à un certain point dérangé sa raison.

Lorsqu'elle se fut échappée de Cumnor-Place, le parti le plus raisonnable pour elle était sans doute de se retirer chez son père, ou dans tout autre lieu, loin de la puissance de ceux qui avaient été ses persécuteurs. Quand, au contraire, elle avait désiré se rendre à Kenilworth, Wayland n'avait pu s'expliquer cette conduite qu'en supposant qu'elle voulait se mettre sous la garde de Tressilian, ou en appeler à la protection de la reine. Mais maintenant, au lieu de prendre un parti si naturel, elle lui donnait une lettre pour Leicester, le patron de Varney, dans la juridiction duquel, si toutefois ce n'était pas par ses ordres exprès, on lui avait fait éprouver tous les maux qu'elle avait soufferts. Une pareille démarche lui parut imprudente, et même désespérée. Wayland, craignant de compromettre sa sûreté et celle d'Amy s'il exécutait sa commission, se décida à ne rien faire sans s'être assuré d'un protecteur en cas de besoin. Il résolut donc, avant de remettre la lettre, de chercher Tressilian, de lui faire part de l'arrivée de la dame à Kenilworth, et de se décharger ainsi de toute responsabilité, en laissant le soin de la protéger et de veiller à sa sûreté à celui qui l'avait le premier mis à son service.

—Il jugera mieux que moi, se dit Wayland, s'il est à propos de satisfaire le désir qu'elle manifeste d'en parler à lord Leicester, ce qui me paraît un acte de folie : par ce moyen, je remets l'affaire entre ses mains, je lui confie la lettre, je reçois ce qu'on voudra bien me donner en récompense, et je tourne bien vite les talons à Kenilworth. Après tous les événemens qui me sont arrivés, je prévois que ce lieu ne serait pas pour moi un fort agréable séjour : partons, partons ; j'aimerais mieux ferrer les bourriques du plus mauvais village d'Angleterre, que de prendre ma part des réjouissances qui vont avoir lieu dans le château.

CHAPITRE XXVIII.

—

» J'ai vu des merveilles jadis :
» Le fils de Robin, mon compère
» Eût passé par une chatière.
Le Fat.

Au milieu de l'agitation générale qui régnait dans le château et les environs, ce n'était pas chose facile que de trouver un individu ; et Wayland était moins en état que personne de découvrir Tressilian, parce que, connaissant les dangers qu'il y avait d'attirer l'attention sur lui, il n'osait s'adresser aux gens de la maison de Leicester.

Au moyen de questions indirectes, il apprit cependant que Tressilian devait faire partie des gentilshommes de la suite du comte de Sussex, et qu'ils étaient arrivés ce matin même à Kenilworth, où Leicester les avait reçus avec toutes sortes d'égards. Quelqu'un ajouta que les deux comtes avec leur suite, et plusieurs autres seigneurs et chevaliers, étaient montés à cheval, et venaient de partir pour Warwick, afin d'escorter la reine jusqu'à Kenilworth.

L'arrivée d'Élisabeth, comme maint autre grand événement, était retardée d'heure en heure; enfin un courrier hors d'haleine vint annoncer que Sa Majesté, retenue par le désir qu'elle avait de recevoir les hommages de ses vassaux accourus en foule à Warwick, ne serait au château qu'à la nuit tombante. Cette nouvelle donna un moment de relâche à ceux qui, dans l'attente de l'arrivée prochaine de la reine, se tenaient en haleine pour jouer le rôle qu'on leur avait destiné dans la cérémonie de cette réception.

Wayland, s'étant aperçu que plusieurs cavaliers se dirigeaient vers le château, espéra que Tressilian se trouverait parmi eux. Pour s'en assurer, il courut se placer dans la grande cour, près de la tour de Mortimer; et, dans ce poste, il ne pouvait entrer ni sortir personne qui ne fût aperçu par Wayland. Là il observait avec attention le costume et la tournure de chaque cavalier, quand, après avoir passé par la tour de la Galerie, il traversait en caracolant l'arène formée sur le pont, et s'avançait dans la cour.

Tandis que Wayland était ainsi placé en sentinelle pour découvrir Tressilian qu'il ne voyait pas, il se sentit tirer la manche par quelqu'un dont il aurait voulu lui-même ne pas être vu.

C'était Dick Sludge ou Flibbertigibbet, qui, semblable au lutin dont il portait le nom et le costume, semblait être toujours pendu à l'oreille de ceux qui pensaient le moins à lui. Quelque fâcheuse que cette rencontre inattendue parût à Wayland, il crut sage de dissimuler sa mauvaise humeur; et s'écria :

— Ah! c'est toi, mon petit bonhomme, mon petit poisson, mon prince des cacodémons, mon petit rat.

— Oui, répondit Dick, le rat qui a rongé une à une les mailles du filet, quand le lion qui s'y était laissé prendre commençait à avoir l'air d'un âne.

— Mon petit trotte-gouttières, tu es piquant comme du vinaigre cette après-midi; mais, dis-moi, comment t'en es-tu tiré avec le géant, quand je t'ai laissé seul avec lui. Je craignais qu'il ne te déshabillât et ne fît de toi qu'une bouchée, comme on avale un marron rôti.

— Oh! repartit le nain, s'il l'eût fait, il aurait eu plus de cervelle dans son ventre qu'il n'en eut jamais dans sa tête. Mais le géant est un être tout-à-fait courtois, et plus reconnaissant que bien d'autres personnes que j'ai secourues dans les momens d'embarras, M. Wayland.

— Diable, Flibbertigibbet, tu es plus mordant qu'une lame de Sheffield. Cependant je voudrais bien savoir de quel charme tu t'es servi pour museler ce vieil ours.

— Oui, voilà comme vous êtes! vous croyez que de belles paroles vous dispensent des actions Quant à cet honnête portier, je vous dirai que lorsque nous arrivâmes au château sa cervelle était troublée par un discours qu'on a composé pour lui, et qui paraît être au-dessus de son intelligence, moins grande que son corps. Comme cet éloquent ouvrage est, ainsi que bien d'autres, de la composition de mon docte magister, M. Erasme Holyday, je l'ai entendu répéter si souvent que je me le rappelle jusqu'au dernier mot. Quand j'ai vu le géant s'embrouiller et s'agiter comme un poisson sur le sable, et que j'ai compris qu'il était arrêté par son premier vers, je lui ai soufflé le mot. C'est alors qu'ainsi que vous l'avez vu, il m'a pris dans ses bras et m'a levé jusqu'à son oreille dans son ravissement. Pour l'engager à vous laisser entrer, je lui ai promis de me cacher sous sa peau d'ours, et de venir au secours de sa mémoire quand il faudra réciter le compliment. Je viens de prendre un peu de nourriture, et je retourne auprès de lui.

— C'est bien, c'est très-bien, mon cher Dick! dépêche-toi, pour l'amour de Dieu; car ce pauvre géant doit être tourmenté de l'absence de son petit souffleur. Allons, porte-toi bien, Dick.

— Oh oui, répondit le lutin, porte-toi bien. C'est ainsi qu'on me remercie quand on a tiré de moi tout ce qu'on a voulu. Tu ne consens donc pas à m'apprendre l'histoire de cette dame, qui est ta sœur comme moi?

— A quoi te servirait de l'apprendre, petit lutin?

— N'as-tu que cela à me dire? A la bonne heure, je m'en soucie fort peu. Je te dirai seulement que je ne trahis jamais un secret, mais que je travaille toujours à faire échouer les projets qu'on me cache. Je te souhaite le bonsoir.

— Ne t'en va pas si vite, répondit Wayland, qui connaissait trop bien l'infatigable activité de Flibbertigibbet pour ne pas la redouter. Pas si vite, mon cher Dick; on ne se sépare pas si brusquement de ses vieux amis. Tu sauras un jour tout ce que je sais moi-même de cette dame.

— Oui, répondit Dick; et ce jour-là n'est peut-être pas bien éloigné. Porte-toi bien, Wayland : je retourne auprès de mon géant; s'il n'a pas l'esprit aussi fin que bien d'autres, il est au moins plus reconnaissant des services qu'on lui rend. Ainsi, je te le répète, bonsoir.

En disant ces mots il fit une gambade, et, continuant à courir avec son agilité accoutumée, il disparut en un instant.

— Plût à Dieu que je fusse déjà hors de ce château! dit Wayland. Si une fois ce nain malicieux met le doigt dans le pâté, ce sera un mets digne de Satan lui-même. Du moins si je pouvais rencontrer M. Tressilian!

Tressilian, qu'il attendait avec tant d'impatience, venait d'entrer à Kenilworth par un côté opposé à celui où se tenait Wayland. Il était sorti du château le matin même pour accompagner les deux comtes à Warwick, ainsi que Wayland l'avait pensé, espérant apprendre dans cette ville quelques nouvelles de son émissaire. Trompé dans cet espoir, et s'apercevant que Varney, qui faisait partie de la suite de Leicester, paraissait vouloir s'approcher de lui pour lui parler, il jugea prudent d'éviter l'entrevue dans les circonstances présentes, et sortit de la salle d'audience de la reine pendant que le shériff du comté haranguait Sa Majesté. Il remonta à cheval, revint à Kenilworth par un chemin détourné, et entra dans le château par une porte dérobée, qu'on lui ouvrit sans difficulté quand on le reconnut pour un des officiers de la suite du comte de Sussex, envers lesquels Leicester avait ordonné de montrer la plus grande courtoisie. Il ne rencontra donc pas Wayland, qui attendait son arrivée avec une si vive impatience, et que de son côté il eût été si charmé de voir.

Après avoir remis son cheval à son domestique, Tressilian se promena pendant quelques instants dans ce qu'on appelait *la Plaisance* et dans les jardins, bien moins pour y admirer les beautés de la nature et les chefs-d'œuvre de l'art que Leicester y avait réunis, que pour s'y livrer sans distraction à ses pénibles idées. La plupart des personnes de marque avaient quitté le château pour accompagner les deux comtes; tous ceux qui étaient restés avaient pris place sur les créneaux, les murs extérieurs et les tours, pour jouir du magnifique coup d'œil de l'entrée de la reine. Ainsi, tandis que tout le château retentissait de cris et de tumulte, le jardin seul restait calme et paisible. Le silence n'y était interrompu que par le frémissement des feuilles, le chant des oiseaux, dont un grand nombre, enfermés dans une vaste volière, semblaient disputer le prix de la mélodie à leurs heureux compagnons, habitans libres de l'air, et, par la chute de l'eau, qui, lancée par des figures d'une forme fantastique et grotesque, retombait dans de superbes bassins de marbre d'Italie.

L'imagination mélancolique de Tressilian couvrait d'un voile sombre tous les objets qui l'entouraient. Il comparait les ruines magnifiques qu'il avait sous les yeux aux épaisses forêts et aux bruyères sauvages qui environnent Lidcote-Hall; et l'image d'Amy Robsart errait comme un fantôme dans tous les paysages que sa triste pensée lui retraçait.

Il n'est peut-être rien de plus funeste au bonheur des hommes amis de la rêverie et de la solitude que de nourrir de bonne heure une passion malheureuse; elle jette dans leur cœur de si profondes racines qu'elle devient leur songe de toutes les nuits et leur pensée de tous les jours.

Ce malaise de cœur, ces regrets qui nous entraînent

encore à la poursuite d'une ombre qui a perdu tout l'éclat de ses couleurs, cet éternel retour vers un songe cruellement interrompu, c'est la faiblesse d'un cœur noble et généreux; c'était celle de Tressilian.

Il sentit enfin lui-même la nécessité de se distraire, et sortit de *la Plaisance* pour aller se joindre à la foule bruyante qui couronnait les remparts, afin de voir les préparatifs de la cérémonie. Mais quand son oreille entendit ce tumulte, cette musique, ces cris de joie qui retentissaient de toutes parts, il éprouva une invincible répugnance à se mêler à des gens dont les sentimens étaient si peu en harmonie avec les siens, et il résolut de se retirer dans sa chambre, et d'y rester jusqu'à ce que la grande cloche du château annonçât l'arrivée d'Élisabeth.

Il traversa le passage qui séparait les cuisines de la grand'salle, et monta au troisième étage de la tour de Mervyn. Il poussa la porte du petit appartement qu'on lui avait assigné; et fut surpris de la trouver fermée; mais il se souvint que le chambellan lui en avait remis une clef en l'avertissant que, dans la confusion qui régnait au château, il fallait avoir soin de tenir la porte bien close. Il mit la clef dans la serrure, ouvrit la porte, et aperçut aussitôt une femme qui lui retraçait Amy Robsart. Sa première idée fut que son imagination troublée lui présentait un fantôme trompeur; mais il fut bientôt convaincu que c'était Amy elle-même qu'il voyait, plus pâle, il est vrai, que dans ces jours de bonheur où elle unissait aux formes et à la fraîcheur d'une nymphe des bois la taille d'une sylphide; mais c'était encore cette Amy dont les yeux n'avaient jamais rencontré l'égale en beauté sur la terre.

La comtesse ne fut pas moins étonnée que Tressilian, quoique sa surprise ne fut pas de si longue durée, car elle avait appris de Wayland qu'il était dans le château. Elle avait tressailli et s'était levée à son entrée. Debout vis-à-vis lui, elle ne put empêcher une vive rougeur de remplacer la pâleur mortelle de son visage.

— Tressilian, dit-elle, que venez-vous chercher ici?

— Mais vous-même, Amy, que venez-vous y faire? Venez-vous réclamer un secours qui ne vous sera jamais refusé, s'il peut dépendre de mon cœur ou de mon bras?

Elle garda un moment le silence, puis elle répondit d'une voix qui exprimait plutôt la douleur que la colère : — Tressilian, je n'implore les secours de personne ; ceux que votre bonté pourrait m'offrir me seraient plus nuisibles qu'utiles : croyez-moi, il y a près d'ici quelqu'un que les lois et l'amour obligent à me protéger.

— Ce misérable vous a donc fait la triste réparation qui restait en son pouvoir, dit Tressilian; et je vois devant moi l'épouse de Varney!

— L'épouse de Varney! répondit-elle avec toute l'emphase du mépris; de quel infame nom osez-vous déshonorer la... la... la... Elle hésita, balbutia, baissa les yeux, et resta confuse et muette, car elle se rappela les fatales conséquences auxquelles elle s'exposait si elle eût ajouté la *comtesse de Leicester;* c'eût été trahir le secret dont la fortune de son époux dépendait; c'eût été le dévoiler à Tressilian, à Sussex, à la reine, à toute la cour. — Jamais, pensa-t-elle, jamais je ne violerai le silence que j'ai promis ; je préfère m'exposer aux plus odieux soupçons!

Ses yeux se remplirent de larmes; elle resta muette devant Tressilian. Après avoir jeté sur elle un regard mêlé de douleur et de pitié, Tressilian lui dit : — Hélas! Amy, vos yeux démentent votre bouche : vous parlez d'un protecteur qui veut et qui peut vous défendre; mais ces larmes me disent que vous avez été abusée et abandonnée par le misérable auquel vous aviez donné votre affection.

Elle le regarda avec des yeux où la colère étincelait à travers les larmes, et se contenta de répéter avec l'accent du mépris : *Le misérable!*

— Oui, le misérable! dit Tressilian, et ce n'est pas dire assez. Mais pourquoi donc êtes-vous ici, seule dans mon appartement? pourquoi n'a-t-il pas pris des mesures pour vous recevoir avec honneur?

— Dans votre appartement! s'écria Amy. Je vais vous délivrer de ma présence! Aussitôt elle courut pour sortir; mais le souvenir de l'abandon où elle se trouvait vint alors s'offrir à sa pensée; s'arrêtant sur le seuil de la porte, elle ajouta d'un ton douloureux et déchirant : — Hélas! je l'oubliais. Je ne sais où aller.

— Je le vois, je le vois bien, dit Tressilian en volant auprès d'elle et la reconduisant vers le fauteuil, où elle se laissa tomber; vous avez besoin de secours; oui, vous avez besoin d'un protecteur, quoique vous craigniez de me le dire; mais vous ne resterez pas sans défense; vous vous appuierez sur mon bras. Je représenterai votre digne et malheureux père, et nous irons ensemble sur le seuil même du château; vous vous présenterez à Élisabeth, et son premier acte à Kenilworth sera un acte de justice envers son sexe et ses sujets. Fort de la bonté de ma cause et de la justice de la reine, la puissance de son favori ne m'arrêtera pas; je cours trouver Sussex.

— N'en faites rien, au nom du ciel! s'écria la comtesse alarmée, qui sentait la nécessité de gagner du temps. Tressilian, vous êtes généreux; accordez-moi une grace... Croyez, si vous désirez me sauver de la misère et du désespoir, que vous ferez plus pour moi en m'accordant ce que je vous demande qu'Élisabeth n'en peut faire avec tout son pouvoir.

— Demandez-moi tout ce dont vous pourrez m'alléguer la raison, dit Tressilian; mais n'exigez pas de moi...

— Oh! ne mettez pas de condition, cher Edmond, s'écria la comtesse : vous aimiez autrefois à m'entendre vous donner ce nom. Ne me parlez pas de raison; il n'y a que démence dans ma position; la démence peut seule me dicter un conseil salutaire.

— Si vous parlez ainsi, dit Tressilian à qui l'étonnement faisait oublier sa douleur et sa résolution, je dois croire que vous êtes incapable de penser et d'agir par vous-même.

— Oh, non! s'écria-t-elle en fléchissant un genou devant lui; non, je ne puis pas insensée; mais je suis la plus malheureuse des femmes, entraînée vers le bord du précipice par un concours de circonstances extraordinaires et par le bras même de celui qui pense m'en sauver... par le vôtre même, Tressilian... par vous que j'honorais, que j'estimais, pour qui j'éprouvais tous les sentimens, excepté celui de l'amour, et que j'aimais pourtant, je puis le dire, quoique ce ne fût pas comme vous l'auriez désiré.

Il y avait à la fois dans sa voix et ses gestes tant d'énergie et de douleur, il y avait surtout un appel si touchant à la générosité de Tressilian qu'il en fut profondément ému. Il la releva, et d'une voix entrecoupée il l'engagea à se rassurer.

— Je ne le puis, dit-elle; je ne me rassurerai que lorsque vous m'aurez accordé ce que je vous demande. Écoutez-moi; je vais parler aussi clairement que je le pourrai. J'attends les ordres de quelqu'un qui a le droit de m'en donner;... l'intervention d'un étranger... la vôtre surtout, Tressilian, me perdrait... et me perdrait sans ressource. Attendez seulement vingt-quatre heures, et peut-être l'infortunée Amy aura-t-elle les moyens de vous prouver qu'elle apprécie, qu'elle peut récompenser votre désintéressement et votre amitié; qu'elle est heureuse elle-même, et qu'elle peut vous rendre heureux. C'est sûrement un prix digne de votre patience pendant un si court délai.

Tressilian ne répondit rien; mais il rassembla dans son esprit les diverses conjectures qui pouvaient dans cette circonstance rendre son intervention plus préjudiciable qu'utile à la réputation et au bonheur d'Amy. Considérant aussi qu'elle était dans les murs de Kenilworth, et qu'elle n'avait aucune insulte à craindre dans un château honoré de la présence de la reine et rempli d'une foule de seigneurs et de gardes, il comprit que ce serait peut-être lui rendre un mauvais service que d'implorer, contre son gré, Élisabeth en sa faveur; mais il lui exprima son consentement avec réserve, doutant qu'Amy eût un autre espoir que son aveugle attachement pour Varney, qu'il supposait être son séducteur.

— Amy, dit-il en fixant avec tristesse ses regards sur ceux de la comtesse, qui exprimaient toute sa perplexité, j'ai toujours remarqué que lorsque d'autres vous traitaient d'enfant capricieux, il y avait sous cette apparence de folle obstination beaucoup de bon sens et de sensibilité. Dans cette idée, je vous abandonne le soin de votre destinée pendant vingt-quatre heures, et je promets de ne m'en mêler ni en paroles ni en actions.

— Vous me le promettez, Tressilian? répondit la comtesse. Est-il possible que vous ayez assez de confiance en moi! Ah! donnez-m'en votre foi de gentilhomme et d'homme d'honneur; promettez-moi bien de ne pas vous mêler de ce qui me regarde, quoi que vous puissiez voir ou entendre, quelque besoin apparent que j'aie de vous. Votre confiance ira-t-elle jusque là?

— Je vous le promets sur mon honneur, dit Tressilian, mais ce délai passé....

— Ce délai passé, répondit-elle en l'interrompant, vous serez libre de faire ce que vous jugerez convenable.

— N'y a-t-il rien que je puisse encore faire pour vous, Amy?

— Rien; que de me quitter et de.... je rougis de me voir réduite à cette demande, de m'abandonner pour vingt-quatre heures l'usage de cet appartement.

— Je ne puis exprimer toute ma surprise, dit Tressilian; quelle espérance, quel crédit pouvez-vous avoir dans un château où vous ne pouvez pas même disposer d'une chambre?

— Les raisonnemens sont inutiles, s'écria-t-elle; de grace, laissez-moi! Et comme elle vit que Tressilian se retirait lentement et à regret, elle ajouta: Généreux Edmond, un temps viendra qu'Amy te prouvera qu'elle méritait ton noble attachement!

CHAPITRE XXIX.

> « L'ami, de quoi donc as-tu peur ?
> » Ne ménage pas la bouteille :
> » Ne me crains pas; ce n'est pas mon humeur
> » De dénoncer peccadille pareille.
> » Je ne suis qu'un vaurien, et je voudrais, ma foi,
> » Que chacun le fût comme moi. »
> *Le Pandemonium.*

Tressilian, dans une singulière agitation, avait à peine descendu les deux ou trois marches de l'escalier, qu'à son grand étonnement et à son grand déplaisir, il rencontra Michel Lambourne. Michel avait sur le front une impudente familiarité qui fit naître en Tressilian l'envie de le précipiter de haut en bas de l'escalier; mais il se rappela le tort que le moindre acte de violence, exercé dans ce moment et dans ce lieu, pourrait causer à Amy, l'objet de toute sa sollicitude.

Il se contenta donc de jeter un regard sévère sur

Lambourne, comme sur un homme qu'on dédaigne de remarquer, et il continuait à descendre sans paraître l'avoir reconnu; mais Lambourne, qui, dans ce jour de profusion, n'avait pas manqué de s'arroser d'une bonne dose de vin des Canaries, sans que pour cela sa raison fût tout-à-fait troublée, ne se trouvait pas d'humeur à baisser les yeux devant qui que ce fût; il arrêta sans façon Tressilian au milieu de l'escalier; et, s'adressant à lui comme s'ils eussent été dans les termes de la plus grande intimité : — Eh bien, j'espère, M. Tressilian, lui dit-il, qu'il n'y a plus de rancune entre nous pour nos anciens débats; oui, je suis homme à oublier plutôt les querelles récentes que les anciennes liaisons. Oh! je vous convaincrai que mes intentions à votre égard étaient bonnes et honnêtes.

— Je me soucie fort peu de votre intimité, dit Tressilian, gardez-la pour vos semblables.

— Mais voyez comme il s'emporte, dit Lambourne; ces messieurs, qui se croient pétris d'une pâte de porcelaine (1), regardent de haut en bas le pauvre Michel Lambourne. Ne prendrait-on pas M. Tressilian pour le plus timide et le plus modeste soupirant qui jamais ait fait l'amour dans le bon vieux temps? Pourquoi vou-

---

(1) C'est-à-dire d'une argile plus noble. C'est une expression employée plusieurs fois par l'auteur d'après ces vers de Dryden :

These look like the workmanship of heav'n :
This is the *porcelain clay* of human kind,
And therefore cast into these noble moulds.

DRYDEN.

« Ce sont comme le chef-d'œuvre du ciel : c'est la pâte de porcelaine de l'espèce humaine, et par conséquent jetée dans ces nobles moules. » — ÉD.

loir faire le saint devant nous, M. Tressilian? oubliez-vous qu'à la très-grande honte du château de milord vous tenez dans votre chambre de quoi vous dédommager? Ah! ah! j'ai frappé juste, je crois, M. Tressilian!

— Je ne vous entends pas, répondit Tressilian concluant de ces paroles que ce licencieux valet n'ignorait pas qu'Amy était dans son appartement; mais, ajouta-t-il, si vous êtes chargé du service des chambres, et que vous me demandiez vos étrennes, prenez cela pour ne pas mettre le pied dans la mienne.

Lambourne regarda la pièce d'or, et la mit dans sa poche en disant : — A présent je puis vous dire que vous eussiez peut-être plus gagné avec moi par de douces paroles qu'avec cette monnaie; mais après tout on paie avec de l'or. Michel Lambourne ne fut jamais ni brouillon ni trouble-fête : il faut que tout le monde vive; c'est ma maxime. Seulement je n'aime pas ces gens qui passent devant moi avec fierté comme s'ils étaient d'or et moi d'étain. Si je garde votre secret, M. Tressilian, à l'avenir vous me traiterez plus humainement, n'est-ce pas? et si jamais j'ai besoin d'excuse pour semblable peccadille, je compte sur votre indulgence; car vous voyez que les plus sages s'y prennent. Au reste, que votre chambre vous serve à vous et à votre joli oiseau, ce ne sont point les affaires de Michel Lambourne.

— Faites place! dit Tressilian, qui ne contenait plus son indignation; je vous ai donné vos étrennes.

— Hum! dit Lambourne en se retirant, mais à regret et en murmurant entre ses dents les dernières paroles de Tressilian : — Faites place; vous avez eu vos étrennes. Peu importe; je ne suis pas un trouble-fête, je l'ai déjà dit; je ne suis pas un chien à la mangeoire, entendez-vous?

Il parlait de plus en plus haut à mesure que Tressilian, qui ne laissait pas que de le tenir en respect, s'éloignait et ne pouvait plus l'entendre.

— Je ne suis pas un chien à la mangeoire; mais aussi je ne veux pas tenir la chandelle (1), entendez-vous, M. Tressilian? Il faudra que je donne un coup d'œil à ce tendron, que vous avez si commodément renfermé dans votre chambre. C'est sans doute parce que vous craignez les revenans que vous ne voulez pas dormir seul. Ah! si j'avais fait pareille chose, moi, savez-vous ce qu'on aurait dit : Chassez-moi ce coquin; qu'on l'étrille avec un nerf de bœuf; qu'on le fasse rouler en bas de l'escalier comme une toupie. Ah! ces vertueux gentilshommes prennent d'étranges privilèges sur nous, pauvres diables, esclaves de nos sens. C'est très-bien; mais au moins je tiens M. Tressilian par cette heureuse découverte, c'est une chose sûre; et ce qui ne l'est pas moins, c'est que je tâcherai de donner un coup d'œil à sa Lindabrides (2).

(1) Equivalent de la phrase anglaise *to carry coals*, porter des charbons. — Éd.

(2) Lindabrides est une héroïne du vieux roman intitulé *le Miroir de chevalerie*. Il en est question dans l'innocent *auto-da-fé* de la bibliothèque de Don Quichote. — Éd.

CHAPITRE XXX.

> « Et maintenant, adieu, mon maître, adieu !
> » Si c'est ainsi que de loyaux services
> » Sont reconnus, je vous quitte en ce lieu.
> » Séparons-nous, et sous d'autres auspices
> » Que chaque barque aille de son côté.
> » . . . . »
>
> Le Naufrage.

Tressilian entra dans la cour extérieure du château, ne sachant que penser de son étrange entrevue avec Amy Robsart, et doutant s'il avait eu raison, revêtu comme il l'était de l'autorité de son père, d'engager ainsi sa parole, et de lui abandonner le soin de sa conduite pendant un temps aussi long.

Mais comment aurait-il pu refuser sa demande, Amy étant soumise à Varney comme elle l'était probablement.

— Puisque mon pouvoir, pensait-il, ne suffisait pas pour la soustraire à la puissance de Varney, en supposant qu'il la reconnaisse pour sa femme, de quel droit aurais-je ainsi détruit, en mettant la discorde entre eux, les espérances de bonheur domestique qui peuvent lui rester?

Tressilian résolut donc d'observer scrupuleusement la promesse faite à Amy, d'abord, parce qu'il la lui avait faite, et ensuite parce qu'en y réfléchissant il lui semblait que ni l'honneur ni la justice ne lui auraient permis de la lui refuser. Sous un certain rapport, il se trouvait d'ailleurs beaucoup plus en état de secourir cette infortunée qui lui était encore si chère. Amy n'était plus renfermée dans une retraite lointaine et solitaire, sous la garde de personnes d'une réputation douteuse; elle était dans le château de Kenilworth, dans la cour de la reine, à l'abri de toute espèce de violence, et à portée de paraître devant Élisabeth au premier appel. Ce concours de circonstances semblait seconder puissamment tout ce qu'il pourrait avoir à faire pour elle.

Tandis qu'il balançait ainsi les avantages et les périls qui résultaient de la présence inattendue d'Amy à Kenilworth, Tressilian fut soudain accosté par Wayland, qui s'écria en le voyant : — Ah! grace au ciel, je trouve enfin Votre Seigneurie : puis il lui dit à l'oreille que la jeune dame s'était échappée de Cumnor.

— Elle est maintenant dans le château, dit Tressilian. Je le sais, je l'ai vue. Est-ce par son ordre qu'on l'a fait monter dans mon appartement?

— Non, répondit Wayland; mais j'ai pensé qu'il n'y avait pas d'autre moyen de la mettre en sûreté, et j'ai été assez heureux pour trouver quelqu'un qui savait où vous étiez logé. Jolie position, en vérité; la grand'salle d'un côté et la cuisine de l'autre.

— Tais-toi; ce n'est pas le moment de plaisanter, répondit tristement Tressilian.

— Je ne le sais que trop, dit l'artiste; depuis trois jours, je suis comme si j'avais la corde autour du cou. Cette dame n'a pas sa tête à elle. Elle ne voudra pas accepter vos offres; elle défend qu'on lui parle de vous; elle est sur le point de se mettre entre les mains de lord Leicester. Je ne l'aurais jamais décidée à se reposer dans votre chambre si elle avait su qui l'occupait.

— Quel est donc son projet? dit Tressilian; ose-t-elle espérer que le comte voudra employer en sa faveur son influence sur son infame vassal?

— Je n'en sais rien, dit Wayland, mais je crois que si elle se réconcilie avec Leicester ou Varney, le côté du château de Kenilworth le plus sûr pour nous sera le dehors des murailles, d'où nous pourrons plus facilement prendre le large; je me propose bien de ne pas y demeurer un instant après avoir donné à Leicester une lettre;... je n'attendais que vos ordres pour la lui remettre... Tenez, la voici. Mais non; peste soit de la lettre, je l'aurai oubliée dans le chenil du grenier à foin qui me sert de chambre à coucher.

— Mort et colère!... s'écria Tressilian perdant patience, pourvu du moins que tu n'aies pas perdu ce papier d'où dépend un événement plus important que mille vies comme la tienne.

— Perdu, répondit promptement Wayland; ah! c'est une plaisanterie; non, monsieur, je l'ai soigneusement renfermée avec mon sac de nuit et plusieurs autres objets à mon usage; je vais la rapporter dans un moment.

— Va vite, dit Tressilian ; rapporte-la, sois fidèle, et je te récompenserai ; mais si j'ai quelque raison pour te soupçonner, prends-y garde, un chien mort serait moins à plaindre que toi.

Wayland partit avec l'assurance et la joie sur le front; mais il tremblait dans le fond de son ame.

La lettre était perdue, rien n'était plus certain, malgré l'excuse qu'il avait alléguée pour apaiser l'impatience de Tressilian. La lettre était perdue; elle pouvait tomber entre mauvaises mains, et dévoiler toute l'intrigue dans laquelle Wayland se trouvait engagé; d'ailleurs il ne voyait pas comment cette intrigue pouvait rester cachée, quel que fût l'événement; il était en outre vivement blessé de l'accès d'impatience de son maître.

— Oui-dà! pensa-t-il enfin, si c'est de cette monnaie qu'on me paie pour des services où il y va de ma tête, il est temps de penser à moi. J'offense ici, si je ne me trompe, le seigneur de ce magnifique château, qui d'un mot peut m'ôter la vie aussi facilement qu'on éteint une chandelle; le tout pour une femme folle et un amant mélancolique, qui, parce que je perds un chiffon de papier plié en quatre, porte déjà la main sur son épée et menace de tout tuer. J'ai à craindre d'un autre côté le docteur et Varney. Ma foi, je veux me sauver de tous ces embarras. Mieux vaut encore la vie que l'argent, et je me sauve à l'instant, quoique je n'aie pas encore reçu ma récompense.

Ces réflexions doivent se présenter naturellement à un homme tel que Wayland, engagé plus avant qu'il ne l'avait cru d'abord dans une suite d'intrigues mystérieuses et inexplicables, et dans lesquelles les acteurs eux-mêmes semblaient à peine connaître le rôle qu'ils jouaient. Cependant, pour lui rendre justice, il faut dire que ses craintes personnelles étaient jusqu'à un certain point contre-balancées par la compassion que lui inspirait l'état d'abandon de la jeune dame.

— Je ne donnerais pas un groat de M. Tressilian : je suis quitte avec lui ; j'ai amené sa dame errante dans ce château ; qu'il veille sur elle maintenant : je ne suis retenu que par la compassion que m'inspire cette fille, à qui il pourrait bien arriver quelque mésaventure au milieu de tout ce tumulte. Oui, je vais monter à la chambre, lui avouer que sa lettre est perdue, pour qu'elle en écrive une autre, si cela lui plaît, et j'espère bien qu'elle ne manquera pas de messagers dans un château où il y a tant de laquais qui peuvent porter une lettre à leur maître. Je lui dirai ensuite que je me sauve ; en la recommandant à la bonté du ciel, à sa propre sagesse, aux soins et à la prévoyance de M. Tressilian. Peut-être qu'elle se rappellera la bague qu'elle m'offrit. Ma foi je l'aurai bien gagnée ; mais, après tout, c'est une aimable créature : au diable la bague ! je ne voudrais pas m'avilir pour si peu de chose : si je suis dupe de mon bon cœur en ce monde, je serai plus heureux dans l'autre ; ainsi deux mots à la dame, et puis en route au plus vite.

Le pied léger et l'œil alerte comme le chat qui guette sa proie, Wayland prit la route de la chambre de la comtesse, se glissant le long des cours et des corridors, observant tous ceux qui passaient près de lui, et soigneux d'échapper à tous les regards. C'est ainsi qu'il traversa la cour du château et le grand arceau situé entre la cuisine et la grand'salle, jusqu'au petit escalier de la tour de Mervyn.

Wayland se félicitait déjà d'avoir échappé à tous les périls, et se disposait à monter les escaliers deux à deux, quand il aperçut l'ombre d'un homme qui se dessinait sur un mur en face d'une porte entr'ouverte; Wayland descendit aussitôt sans faire le moindre bruit : il revint dans la cour intérieure du château, et passa environ un quart d'heure qui lui parut quatre fois plus long que d'ordinaire, à se promener de long en large; puis il retourna à la tour, espérant que cet homme incommode s'en serait allé. L'ombre avait disparu. Il monta quelques marches plus haut, mais la porte était encore entr'ouverte; et tandis qu'il délibérait s'il fallait avancer ou redescendre, la porte s'ouvrit tout à coup, et Michel Lambourne s'offrit à ses yeux étonnés. — Qui diable es-tu? que cherches-tu dans cette partie du château? Entre dans cette chambre, et que je te parle.

— Je ne suis point un chien qui obéit au premier homme qui siffle, entendez-vous? dit Wayland, affectant une confiance que démentait le son tremblant de sa voix.

— Tu raisonnes, je crois! A moi, Laurence Staples!

Un grand gaillard mal bâti, aux yeux louches, et dont la taille avait plus de six pieds, parut alors à la porte, et Lambourne continua : — Puisque tu aimes tant cette tour, camarade, je vais t'en faire voir les fondations, à douze bons pieds en dessous du lit du lac; tu y trouveras bonne compagnie de serpens, de crapauds, de lézards et d'autres jolis animaux de la même famille. Vite, réponds-moi, qui es-tu? que viens-tu chercher ici?

— Si la porte d'une prison se ferme une fois sur moi, se dit Wayland, je suis un homme perdu. Il répondit donc, de l'air le plus soumis, qu'il était le pauvre jongleur que Son Honneur avait rencontré la veille à Weatherly.

— Et quelles jongleries prétends-tu faire dans cette tour ? La troupe de tes camarades est dans les bâtimens de Clinston.

— Je viens voir ma sœur, qui est là-haut dans la chambre de M. Tressilian.

— Ah! ah! dit Lambourne en souriant, voilà la vérité! Sur mon honneur, pour un étranger, ce M. Tressilian en use comme s'il était chez lui ; il meuble fort joliment sa chambre. Écoute-moi, coquin ! — Ce sera une anecdote précieuse sur le compte du saint M. Tressilian ; elle fera plus de plaisir à certaines gens qu'une bourse d'or ne m'en ferait à moi. Écoute, maraud ; tu ne feras pas lever le lièvre, nous voulons le prendre au gîte : hors d'ici avec ta mine de fripon, ou je te jette par la fenêtre ; je serais tenté d'essayer si, par quelque tour de ton métier, tu pourrais faire ce trajet sans te briser les os.

— Votre Seigneurie n'a pas l'ame assez cruelle, j'en suis sûr, dit Wayland. Il faut laisser vivre les pauvres gens, et j'espère que Votre Seigneurie voudra bien me permettre de parler à ma sœur.

— Ta sœur, oui, du côté d'Adam, n'est-ce pas ? S'il en était autrement, tu n'en serais que plus coquin : mais ta sœur ou non, je te tue comme un renard si tu reviens à cette tour ; et maintenant que j'y pense, de par tous les diables, décampe-moi vite du château ; c'est ici une affaire plus importante que tous tes tours de jongleur.

— Mais, sauf le respect que je dois à Votre Seigneurie, répondit Wayland, il faut que je représente Arion dans le spectacle qui doit avoir lieu ce soir sur le lac.

— Par saint Christophe, je le représenterai moi-même, dit Lambourne; Orion, est-ce ainsi que tu l'appelles? Eh bien, je représenterai Orion avec sa ceinture et ses sept étoiles, qui plus est. Allons, dehors, mauvais coquin, suis-moi; mais attends : Lawrence, emmène-moi ce vaurien.

Lawrence saisit par le collet le jongleur tremblant, et Lambourne, marchant à pas pressés devant eux, se dirigea vers la porte secrète par laquelle Tressilian était entré, et qui était pratiquée dans le mur de l'ouest, non loin de la tour de Mervyn.

Tandis qu'ils traversaient l'espace qui séparait la poterne de la tour de Mervyn, Wayland se creusait en vain la cervelle pour trouver un moyen de servir la pauvre dame, qui, malgré le pressant danger dans lequel il se trouvait lui-même, excitait encore son intérêt : mais, quand il fut mis hors du château, et que Lambourne lui eut signifié avec un effroyable jurement qu'une prompte mort suivrait le moment où il y remettrait les pieds, il leva les mains et les yeux vers le ciel pour le prendre à témoin qu'il avait jusqu'à la fin défendu l'opprimée; puis il tourna les talons aux superbes tours de Kenilworth, et se mit en route pour chercher un asile plus humble et plus sûr.

Lawrence et Lambourne le suivirent des yeux pendant quelque temps; puis ils rentrèrent au château. Chemin faisant, Lawrence dit à Lambourne : — Le ciel me bénisse, M. Lambourne, si je devine pour quel motif vous avez chassé ce pauvre diable chargé de jouer un rôle dans le spectacle qui va commencer... et le tout pour une fille!

— Ah! Lawrence, répondit Lambourne, tu penses à la noire Jeanne Jugges de Slingdon, et tu prends pitié des faiblesses humaines. Mais courage, mon très-noble duc du cachot, seigneur suzerain des Limbes (1), tu ne vois pas plus clair dans cette affaire qu'on n'y voit dans tes domaines. Mon très-révérend seigneur des pays bas de Kenilworth, apprends que notre très-respectable maître Richard Varney nous donnerait, pour trouver un trou dans le manteau de ce Tressilian, assez de piastres pour nous faire boire cinquante nuits de suite avec pleine permission d'envoyer promener l'intendant s'il venait nous déranger avant d'avoir vidé les dernières bouteilles.

— Oh! si cela est, vous avez raison, répondit le grand geôlier de Kenilworth. Mais comment ferez-vous pour vous absenter lors de l'arrivée de la reine, M. Lambourne; car il me semble que vous devez accompagner votre maître?

— J'ai compté sur tes soins, mon vice-roi, pour faire la garde en mon absence. Laisse entrer Tressilian, s'il le désire; mais que personne ne sorte. Si la demoiselle tentait une sortie, ce qui pourrait bien arriver, effraiela avec ta grosse voix. Ce n'est, après tout, que la sœur d'un mauvais comédien.

— Quant à cela, dit Lawrence, je fermerai le verrou de fer à la seconde porte; et ainsi, de gré ou de force, je n'aurai pas grande peine à répondre d'elle.

— Mais Tressilian ne pourra plus pénétrer chez elle,

(1) Prisons. — Éd.

dit Lambourne après un moment de réflexion. Peu importe, on la surprendra dans sa chambre, cela suffit. Mais avoue, vieux geôlier aux yeux de chauve-souris, que tu crains de veiller seul dans cette tour de Mervyn.

— Moi! pourquoi cela, M. Lambourne? Je m'en moque comme d'un tour de clef. Il est vrai qu'on y a entendu et même vu d'étranges choses. Vous n'êtes pas sans avoir ouï dire, quoique vous ne soyez à Kenilworth que depuis peu de temps, que cette tour est visitée par l'esprit d'Arthur appelé Mervyn, ce chef barbare qui fut pris par le vaillant lord Mortimer lorsqu'il était un des commandans des frontières de Galles, et assassiné, à ce qu'on dit, dans cette même tour.

— Oh! j'ai entendu faire ce conte plus de cent fois, dit Lambourne ; on prétend même que le fantôme ne fait jamais plus de bruit que quand on fait bouillir des poireaux ou frire du fromage dans les régions culinaires. *Santo diavolo!* retiens ta langue ; je sais ce qu'il en est.

— Mais toi, tout sage que tu veux paraître, dit le porte-clefs, tu ne la retiens guère. Cependant c'est une terrible chose que de tuer un prisonnier. Donner un coup de poignard à un homme au coin d'une rue, ce n'est rien pour toi ; appliquer un grand coup de clef sur la tête d'un prisonnier récalcitrant en lui disant : Reste tranquille, c'est ce que j'appelle maintenir l'ordre dans la prison ; mais tirer une épée et le tuer comme ce seigneur du pays de Galles, il y a là de quoi vous susciter un fantôme capable de rendre la prison inhabitable pendant des siècles... Regarde jusqu'à quel point j'étends mes attentions sur les prisonniers, ces pauvres créatures! J'ai mieux aimé loger à cinquante pieds sous terre des gentilshommes et des gens très comme il faut, qui s'étaient amusés à faire de petites promenades intéressées sur la grande route, ou à médire de lord Leicester, et autres choses pareilles, que de les enfermer dans cette chambre d'en haut où le meurtre fut commis. En vérité, par saint Pierre-ès-liens, je m'étonne que mon noble seigneur, ou M. Varney, consente à la donner à des étrangers ; et si ce M. Tressilian a pu décider quelqu'un à lui tenir compagnie, surtout une jolie fille, ma foi je suis d'avis qu'il a bien fait.

— Je te dis, répondit Lambourne en se promenant dans la chambre du geôlier, que tu n'es qu'un âne ; va fermer le verrou de l'escalier, et ne t'inquiète pas des revenans. Cependant, donne-moi du vin, je me suis un peu échauffé pour mettre ce coquin à la porte.

Tandis qu'il se désaltérait à longs traits avec une bouteille de Bordeaux, sans même se servir de gobelet, le geôlier, par des discours indiscrets, cherchait à justifier sa croyance aux revenans.

— Il n'y a que quelques heures que tu es dans le château, et tu as été tellement ivre pendant tout ce temps que tu n'as pu ni parler, ni voir, ni entendre. Mais tu ferais moins de bravades si tu avais passé une nuit avec nous dans le temps de la pleine lune ; car c'est alors que l'esprit s'agite le plus ; et principalement lorsque le vent du nord-ouest souffle avec violence, qu'il commence à tomber quelques gouttes de pluie, et qu'on entend de temps en temps quelques coups de tonnerre ! Bon Dieu ! quel fracas, quel vacarme, quels cris, quels gémissemens dans la chambre de Mervyn ! aussi, dans ces momens, quatre pintes d'eau-de-vie suffisent à peine pour mes garçons et pour moi.

— Bah! tu n'es qu'un nigaud, répondit Lambourne, dont les derniers coups qu'il venait de boire, joints à tous ceux qu'il avait déjà bus, commençaient à exalter le cerveau; tu ne sais ce que tu dis; personne ne les connaît ces esprits, et c'est celui qui en parle le moins qui dit le moins de sottises. Celui-ci croit une chose, celui-là en croit une autre : visions, balivernes! J'ai connu des gens de toute espèce, mon cher Lawrence Ferme-Porte, et des hommes de beaucoup de mérite... il y en a un surtout... un grand seigneur, sans le nommer ici, qui croit aux oracles, à la lune, aux planètes et à leur cours. Il va même jusqu'à penser qu'elles n'étincellent que pour lui. Mais, foi d'homme à jeun, ou plutôt vérité d'ivrogne, je crois, moi, qu'elles ne brillent que pour empêcher les bons enfans comme moi de tomber dans les fossés. Au reste, que ce personnage se passe toutes ses fantaisies, il est assez riche pour en avoir. Il en est un autre, un homme très-savant, je t'en réponds, qui parle grec et hébreu comme moi latin, eh bien! il a un faible pour les sympathies et les antipathies; il veut changer le plomb en or. Laissons-le faire, laissons-le payer de cette monnaie ceux qui sont assez fous pour s'en contenter. Tu te mets aussi du nombre, toi, autre grand homme, quoique tu ne sois ni noble ni savant, mais haut de six pieds, et qui, aveugle comme une taupe, crois à tous ces esprits revenans. Il y a ici un autre grand homme, un grand petit homme, ou petit grand homme, comme tu voudras, mon cher Lawrence; son nom commence par un V. — Que croit-il, celui-là?

— Rien, mon cher Lawrence, rien, absolument rien; il ne croit ni à Dieu ni au diable. Pour moi, si j'ai foi au démon, c'est uniquement parce que je pense qu'il faut qu'il y en ait un pour emporter notre ami sur ses cornes, *quand l'ame quittera le corps*, comme dit la chanson. Car tout antécédent doit avoir son conséquent, *raro antecedentem*, disait le docteur Bricham. Mais c'est du grec pour toi, mon cher Lawrence, et au bout du compte, c'est une chose fort inutile que de le savoir. Donne-moi donc une autre bouteille.

— Parbleu, Michel, si vous buvez encore, vous vous trouverez dans un piteux état pour jouer Orion, ou pour accompagner votre maître dans cette nuit solennelle. A tout instant je m'imagine entendre sonner la grosse cloche, pour avertir qu'on se rende à la Tour de Mortimer, où l'on doit recevoir la reine.

Pendant ces observations de Lawrence, Lambourne continuait à boire. Replaçant enfin sur la table la bouteille presque vide, et poussant un long soupir, il dit d'une voix presque étouffée, mais qui s'éleva à mesure qu'il parlait : — Ne te mêle pas de cela, Lawrence; si je m'enivre, Varney saura me rendre la raison; ainsi ne te mêle pas de cela, j'aurai le vin discret. D'ailleurs, si je dois aller sur l'eau comme Orion, je veux me précautionner contre l'humidité. Tu prétends que je ne serai pas capable de jouer Orion; je défie au plus intrépide braillard qui jamais s'époumonna pour douze sous de m'en remontrer. Est-il un seul homme qui ne se grise dans cette nuit? réponds-moi! C'est prouver sa fidélité que de s'enivrer; et je te réponds qu'il existe des gens dans le château, qui, s'ils ne sont pas gais lorsqu'ils ont bu, n'ont guère de chance pour l'être étant à jeun. Je ne nomme personne, Lawrence, mais ton vin a une vertu particulière pour exciter la gaieté et mettre en bonne humeur. *Huzza* (1)! pour la reine Élisabeth, pour le noble Leicester, pour le très-digne M. Varney et pour Michel Lambourne, qui pourrait les faire tourner autour de son doigt.

En disant ces mots, il descendit l'escalier et traversa la cour intérieure.

Le geôlier le suivit des yeux, secoua la tête, et, fermant le guichet de la tour, il se dit en lui-même :

— C'est une belle chose en vérité que d'être un favori. Je manquai un jour de perdre ma place, parce que M. Varney s'imagina que je sentais l'eau-de-vie ; et ce drôle-là, sans craindre d'être repoussé, va paraître devant lui ivre comme un sac à vin. Il faut l'avouer, cependant, c'est un habile coquin ; on ne comprend jamais que la moitié de ce qu'il dit.

(1) Vivat ! — Éd.

CHAPITRE XXXI.

—

« Allons, point de retard, clochers ébranlez-vous;
» Elle vient! elle vient! cloches parlez pour nous!
» Canonnier, à ta mèche, et du bronze homicide
» Que la voix tout à coup réveille les échos,
» Comme si de païens une troupe intrépide
» Venait pour assiéger ces antiques créneaux.
» Nous aurons bien aussi les pompes du théâtre ;
» Mais il faut pour cela du talent, de l'esprit,
» Et moi, soldat grossier, je ne sais que me battre.
» . . . . »

La Reine vierge, Tragi-comédie.

Après que Wayland l'eut quitté, Tressilian, comme nous l'avons dit dans le dernier chapitre, était incertain sur ce qu'il devait faire, quand il vit Raleigh et Blount venir à lui, bras dessus bras dessous, et se disputant très-chaudement comme d'usage. Tressilian, dans l'état où il se trouvait, ne se souciait guère de leur compagnie, mais il n'était pas possible de les éviter; il sentait en outre que, lié comme il l'était par la parole qu'il avait donnée à Amy de ne pas la voir et de ne tenter aucune démarche en sa faveur, ce qu'il avait de mieux à faire était de se mêler à la foule, et de ne laisser paraître que le moins possible sur son front les angoisses et les incertitudes dont il était intérieurement agité. Il fit donc de nécessité vertu, et salua ses camarades en disant ; — La joie soit avec vous, messieurs! d'où venez-vous donc?

— De Warwick, dit Blount; nous sommes rentrés pour changer d'habits, comme de pauvres acteurs qui, pour jouer plusieurs rôles, changent plusieurs fois de costume. Vous auriez dû en faire autant, Tressilian.

— Blount a raison, dit Raleigh. La reine aime l'étiquette, et elle regarde comme une infraction au respect qui lui est dû de paraître devant elle en négligé. Mais, mon cher Tressilian, regarde notre camarade Blount, tu ne pourras t'empêcher de rire! Vois comment ce coquin de tailleur l'a fagotté, avec du bleu, du gris, du rouge, des rubans couleur de chair, et des rosettes jaunes à ses souliers!

— Et que voudrais-tu de mieux? répondit Blount: j'ai dit à ce coquin de faire de son mieux, de ne rien épargner, et je crois que tout cela n'est pas mal assorti. A coup sûr, mon habit est plus élégant que le tien; je m'en rapporte à Tressilian.

— Volontiers, dit Walter Raleigh; volontiers, parbleu! Tressilian, juge entre nous.

Tressilian, pris pour arbitre, examina les pièces du procès ; il devina d'un seul regard que le pauvre Blount avait pris, sur la foi du tailleur, l'habit qu'il portait ; et, qu'au milieu de tous ces rubans dont il était surchargé, il se trouvait aussi gêné qu'un paysan dans son habit de dimanche. L'habit de Raleigh, au contraire, à la fois riche et élégant, parait celui qui le portait de manière à attirer sur lui tous les regards. Tressilian prononça en conséquence que l'habit de Blount était plus beau, mais que celui de Raleigh était de meilleur goût.

Blount fut satisfait de cette décision. — Je savais bien, dit-il, que mon habit était plus beau; et si ce maraud de Doublestitch m'eût apporté un pourpoint uni comme celui de Raleigh, je lui aurais brisé la tête avec son aune. Puisqu'il faut être fou, soyons au moins des fous de première classe.

— Mais, Tressilian, dit Raleigh, qu'attends-tu pour aller t'habiller?

— Une méprise me prive de ma chambre, répondit Tressilian, et me sépare pour quelque temps de mon bagage; j'allais te prier de me recevoir dans ton logement.

— Comment! mais avec plaisir! dit Raleigh; ma chambre est fort vaste. Lord Leicester nous traite avec égard; il nous a logés comme des princes. Si sa courtoisie est un peu forcée, du moins elle va fort bien. Cependant je te conseille d'aller trouver le chambellan du comte; il te fera raison sur-le-champ.

— Bah! cela n'en vaut pas la peine, puisque vous consentez à me recevoir chez vous, répondit Tressilian : mais est-il bien sûr que je ne gênerai personne? A propos, est-il venu quelqu'un avec vous de Warwick?

— Varney, répondit Blount, et une tribu entière de *Leicestériens*, avec une vingtaine environ de fidèles amis de la maison de Sussex. Nous devons, à ce qu'il parait, recevoir la reine dans ce qu'ils appellent la tour de la Galerie, et assister aux drôleries qu'on projette pour la fêter; nous composerons sa suite pour l'accompagner dans la grand'salle, tandis que ceux qui attendent maintenant sa majesté iront se déshabiller et changer leurs costumes de voyage. Dieu me damne! si Sa Majesté m'adresse la parole, je ne saurai que lui répondre.

— Quel motif vous a retenu si long-temps à Warwick? dit Tressilian qui craignait que la conversation ne se reportât sur ses affaires.

— Mille extravagances! répondit Blount, telles qu'on n'en voit pas même de semblables à la foire de la Saint-Barthélemy (1) : il y a eu des discours, des comédies, des chiens, des ours, des hommes habillés en singes, des femmes se faisant poupées, etc. En vérité je m'étonne que la reine ait pu supporter tout cela : mais de temps en temps on pouvait bien exalter « la douce lumière de son gracieux sourire (2) » ou autres lieux communs! Ah! la vanité rend souvent fou le plus sage! Allons, viens aussi à la tour de la Galerie; mais je ne sais, Tressilian, comment tu pourras faire pour te présenter avec ce costume de voyage et ces bottes.

— Je me tiendrai derrière toi, Blount, dit Tressilian, qui vit que la parure extraordinaire de son camarade occupait exclusivement son imagination; ta noble taille et ton habit élégant couvriront ce qui me manquera.

— Tu crois que cela pourra se faire ainsi, Edmond?

---

(1) Foire de Londres, rendez-vous des baladins, etc. — Éd.

(2) Blount se sert d'une des phrases de compliment qu'il a entendu répéter, et dont la reine a paru flattée. — Éd.

répondit Blount; eh bien! soit. Je suis vraiment charmé que mon habit soit à ton goût : quand on a fait tant que de faire une folie, il faut la faire comme il faut.

En disant ces mots Blount retroussait son chapeau, tendait la jambe et marchait d'un air fier, comme s'il eût été à la tête de sa brigade de lanciers; de temps en temps il laissait tomber un regard satisfait sur ses bas cramoisis et sur les larges rosettes de rubans jaunes qui s'épanouissaient sur son soulier. Tressilian, triste et pensif, le suivait sans faire attention à Raleigh, qui, s'amusant de la maladroite vanité de son ami, en faisait le texte de mille plaisanteries qu'il soufflait à l'oreille de Tressilian.

C'est ainsi qu'ils traversèrent le pont, et qu'ils furent se placer avec d'autres gentilshommes devant la porte extérieure de la galerie ou tour d'entrée. Leur nombre se composait de quarante personnes environ, choisies dans le premier rang de la société, au-dessous de celui de chevalier, et rangées en double haie de chaque côté de la porte comme une garde d'honneur.

Ces gentilshommes n'étaient armés que de leur épée; leur habillement était aussi riche que l'imagination peut le concevoir ; et comme le costume du temps permettait d'étaler une grande magnificence, on ne voyait que velours, broderies d'or et d'argent, rubans, perles et chaînes d'or. Malgré les pensées sérieuses qui occupaient Tressilian, il sentit que son habit de voyage, quelque élégant qu'il pût être, faisait triste figure au milieu de cette magnificence, surtout lorsqu'il s'aperçut que son modeste équipage était un sujet d'étonnement pour ses amis, et de mépris pour les gens de Leicester.

Nous ne pouvons taire ce fait, quoiqu'il semble choquer la gravité du caractère de Tressilian ; mais, à dire vrai, cette attention qu'on fait à la toilette est une sorte d'amour-propre dont le plus sage n'est pas exempt : notre espèce s'y laisse aller si naturellement que non-seulement le soldat qui court à une mort inévitable, mais encore le criminel qui marche à l'échafaud, se montrent jaloux de paraître de la manière la plus avantageuse. Mais évitons les digressions.

C'était vers le soir d'un jour d'été (le 9 juillet 1575) ; le soleil venait de se coucher, et l'on attendait avec impatience l'arrivée de la reine. La foule, réunie depuis plusieurs heures, grossissait à chaque instant. Une abondante distribution de rafraîchissemens, de bœuf rôti, de tonneaux d'ale mis en perce sur différens points de la route, entretenait la gaieté du peuple ainsi que ses dispositions favorables pour la reine et le favori, dispositions qui se fussent sans doute beaucoup affaiblies si le jeûne eût été ajouté à une si longue attente. Le temps se passait en amusemens populaires ; on criait, on riait, on se jouait des tours malins les uns aux autres.

Tout était ainsi en mouvement dans la plaine voisine du château, et principalement près de la porte du parc où le peuple s'était réuni en plus grand nombre, lorsqu'on vit éclater tout à coup une fusée dans l'atmosphère, et aussitôt le son de la grosse cloche se fit entendre au loin dans la plaine.

A ce signal les cris cessèrent : le murmure sourd de l'attente y succéda, et l'on n'entendit plus que le bruit confus de plusieurs milliers d'hommes qui parlaient à demi-voix : c'était, pour me servir d'une expression bizarre, « le chuchottement d'une immense multitude. »

— Ils arrivent, la chose est sûre ! s'écria Raleigh.

Tressilian, ce son a quelque chose de majestueux : nous l'entendons d'ici, comme sur un vaisseau les hommes de quart entendent, après un long voyage, le flot qui se brise au loin sur quelque plage inconnue.

— Selon moi, répondit Blount, ce bruit ressemble plutôt au mugissement de mes vaches dans l'enclos de Wittens-Westlove.

— Il est certainement à paître dans ce moment, dit Raleigh à Tressilian ; il n'a dans la tête que bœufs ou fertiles prairies. Il ne vaut guère mieux que ses bêtes à cornes, et il n'est véritablement homme que quand il a les armes en main.

— Il va vous le prouver dans l'instant, dit Tressilian, si vous ne finissez de faire de l'esprit à ses dépens.

— Bah ! je m'en moque, répondit Raleigh ! Mais toi aussi, Tressilian, tu es devenu une espèce de hibou, et tu ne voles plus que de nuit ; tu as échangé tes chansons pour de lugubres accens, et la bonne compagnie pour un trou de muraille.

— Et toi, quelle espèce d'animal es-tu donc, Raleigh ? dit Tressilian, toi qui nous juges si lestement.

— Moi ! répondit Raleigh ; je suis un aigle qui ne m'abaisserai jamais jusqu'à terre tant qu'il y aura un ciel où je pourrai prendre mon essor, et un soleil que je pourrai fixer.

— Belle fanfaronnade, par saint Barnabé ! dit Blount. Mais, mon bon sire l'aigle, gare la cage ! gare l'oiseleur ! Tel oiseau volait aussi haut que vous que j'ai vu ensuite, fort proprement empaillé, servir d'épouvantail aux autres. Mais chut ! pourquoi ce silence soudain ?

— C'est le cortège qui s'arrête à la porte du parc, dit Raleigh, où une sibylle, une de ces *fatidicæ*, parle à la reine et lui tire son horoscpe. J'ai vu les vers ; ils ont peu de sel. Sa Majesté, d'ailleurs, est rassasiée de poésie; elle me disait à l'oreille, pendant le discours du greffier de Ford-Mille, en entrant sur le territoire de Warwick, qu'elle était *pertæsa barbaræ loquelæ*, fatiguée de tout ce langage barbare.

— La reine lui parler à l'oreille ! se dit Blount en soi-même : grand Dieu ! qu'est-ce que tout ceci deviendra ?

Ses réflexions furent interrompues par les applaudissemens bruyans de la multitude, renvoyés par tous les échos à deux milles à la ronde. Les groupes stationnés sur la route où sa majesté devait passer jetèrent de grands cris qui se communiquèrent de proche en proche jusqu'au château, et annoncèrent à ceux qui étaient dans l'intérieur que la reine venait de franchir la porte du parc, et qu'elle était entrée à Kenilworth. Alors la musique du château se fit entendre, le bruit du canon se mêla aux décharges de mousqueterie; mais tout ce bruit des tambours, des trompettes et même des canons, se distinguait à peine au milieu des acclamations sans cesse renaissantes de la multitude.

Ce bruit commençait à diminuer quand un vif éclat de lumière brilla à la porte du parc; il semblait s'étendre et devenir plus brillant à mesure qu'il approchait jusqu'au milieu de l'avenue aboutissant à la tour de la Galerie, et bordée de chaque côté par les gens du comte de Leicester. Bientôt on entendit crier dans tous les rangs : La reine ! la reine ! silence ! Élisabeth arrivait, précédée de ses deux cents cavaliers qui portaient des torches de bois résineux, et dont la clarté, aussi vive que celle du jour, éclairait tout le cortège, au milieu duquel était la reine dans le plus riche costume, et toute rayonnante de diamans. Elle montait un cheval blanc, qu'elle conduisait avec grace et dignité; dans son maintien noble et majestueux on reconnaissait la fille de cent monarques.

Les dames d'honneur suivaient sa majesté, et, dans cette circonstance, elles n'avaient rien négligé pour soutenir l'éclat d'une cour riche et brillante. Toutes ces constellations secondaires étaient dignes de l'astre glorieux qu'elles environnaient; mais aux charmes de leur personne et à la magnificence avec laquelle elles les relevaient, sans blesser toutefois les règles d'une prudente retenue, on les reconnaissait pour la fleur d'un royaume si renommé pour la splendeur et la beauté de ses femmes; la magnificence des courtisans, à qui la prudence n'imposait pas les mêmes devoirs, n'avait pas de bornes.

Leicester, tout resplendissant d'or et de broderies, s'avançait à cheval, à la droite de la reine, en sa double qualité de son hôte et de son Grand-Écuyer. Son cheval, parfaitement noir, était un cheval de bataille choisi parmi les plus beaux de toute l'Europe, et le comte l'avait acheté fort cher pour s'en faire honneur en cette occasion. Le noble coursier semblait impatient de la marche trop lente du cortège, et, arrondissant avec grace son cou majestueux, il mordait le mors d'argent qui retenait son ardeur. L'écume sortait de sa bouche, et tombait en flocons de neige sur ses membres gracieux. Le cavalier était digne du haut rang qu'il occupait et du noble animal qu'il montait. Il n'y avait pas d'homme en Angleterre, peut-être même en Europe, qui pût rivaliser avec Dudley dans l'art de guider un coursier et dans tous les autres exercices familiers aux personnes de son rang. Il avait la tête découverte comme tous ceux qui composaient le cortège; la lueur des torches éclairait les longues boucles de ses cheveux noirs et sa noble figure, à laquelle la critique la plus sévère n'eût pu trouver à reprendre peut-être qu'un front un peu trop haut. Dans cette soirée mémorable, ses traits exprimaient la tendre sollicitude d'un sujet pénétré de l'honneur que lui fait sa souveraine, mais témoignant aussi la satisfaction et l'orgueil si naturel dans une circonstance si glorieuse pour lui.

Cependant, quoique le plaisir rayonnât sur son visage, quelques personnes de la suite du comte crurent s'apercevoir qu'il était plus pâle que de coutume, et elles se firent part les unes aux autres de la crainte qu'elles avaient qu'un excès de fatigue ne devînt nuisible à sa santé.

Varney suivait de près son maître, en qualité de son premier écuyer. Il portait sa toque de velours noir, ornée d'une agrafe de diamans et surmontée d'une plume blanche. Il tenait les yeux fixés constamment sur le comte; et, par des motifs connus du lecteur, c'était celui des nombreux serviteurs de Leicester qui désirait le plus vivement que son seigneur eût assez de force et de résolution pour soutenir les fatigues d'un jour si pénible. Quoique Varney fût du très-petit nombre de ces scélérats qui, parvenus à étouffer le remords dans leur ame, passent de l'athéisme à une complète insensibilité morale, comme un homme qui, dans une extrême agonie, s'endort par le secours de l'opium, il savait cependant que dans le cœur de son maître il y avait encore cette flamme qui ne s'éteint jamais, et qu'au milieu de toutes ses pompes et de cette magnificence, il était la proie du ver rongeur qui ne meurt pas. Cependant Leicester étant persuadé de ce que lui avait dit Varney, que la comtesse éprouvait une indisposition qui était une excuse sans réplique pour ne pas paraître devant la reine en cette occasion, il n'y avait pas à craindre, pensait l'adroit écuyer, qu'un homme aussi ambitieux que son maître se trahît lui-même en laissant échapper quelque sentiment de faiblesse.

Le cortège des deux sexes qui suivait immédiatement la reine était composé de tout ce que le royaume avait de plus remarquable par la bravoure et la beauté. On y voyait ces nobles illustres, ces sages conseillers, dont les noms sont trop connus pour fatiguer inutilement le lecteur en les lui répétant. Derrière eux marchaient, en longue file, des chevaliers et des gentilshommes dont la naissance et le rang, quelque distingués qu'ils fussent, étaient éclipsés par la majesté de l'auguste reine, qui s'avançait en tête du cortège.

La cavalcade se rendit en cet ordre jusqu'à la tour de la Galerie, qui formait, comme nous l'avons déjà dit plus d'une fois, la barrière extérieure du château.

C'était en ce moment que notre géant de portier devait jouer son rôle; mais ce grand coquin était si troublé, et un broc d'ale qu'il avait avalé pour se raffermir la mémoire avait produit un effet si contraire dans son cerveau, qu'il pouvait à peine respirer sur le banc de pierre où il était assis. La reine aurait passé sans qu'il l'eût même saluée si son souffleur Flibbertigibbet, qui se tenait aux aguets derrière lui, n'eût enfoncé dans la partie postérieure du vêtement fémoral, dont nous avons fait la la description ailleurs, une épingle qui perça l'étoffe, ainsi que la doublure, et pénétra encore plus avant.

Le portier fit entendre une espèce de hurlement qui n'était pas de trop dans son rôle, se leva tenant en main sa massue, qu'il agita à droite et à gauche ; puis, semblable à un cheval de carrosse, qui, sentant le coup d'éperon, se précipite dans la carrière, et d'un seul trait arrive au but, il récita, avec l'aide de son souffleur, tout son discours, dont voici l'abrégé. Le lecteur doit être prévenu que les premières lignes de cette harangue étaient adressées à la foule, et le reste à la reine, à l'approche de laquelle le géant, comme frappé d'une apparition, laissait tomber sa massue, et abandonnait ses clefs pour céder la place à la déesse de la nuit et à son magique cortège :

> Holà! quel bruit! Que veut cette canaille?
> Retirez-vous, ou gare à votre dos!
> Je ne suis pas un concierge de paille;
> Retirez-vous, ou je brise vos os.
> Mais doucement, quelle est cette inconnue
> Qui vient s'offrir à mes regards surpris?
> Adieu mes clefs et ma lourde massue ;
> De tant d'éclat mes yeux sont éblouis.
> Noble princesse, agréez mon hommage ;
> Venez ici connaître le bonheur ;
> En vous voyant qui donc aurait le cœur
> De vous refuser le passage ?

Élisabeth reçut très-gracieusement l'hommage de cet Hercule moderne ; et, lui ayant fait un signe de tête en reconnaissance, elle traversa la tour qu'il gardait, où une musique guerrière se faisait entendre, répétée par d'autres musiciens placés sur différens points des remparts du château. On eût dit, par l'effet de l'entre-croisement des échos, qu'une harmonie s'élevait au ciel de tous les points de la terre.

Ce fut au son de cette musique ravissante que la reine Élisabeth arriva sur le pont qui s'étendait depuis la tour de la Galerie jusqu'à celle de Mortimer. D'innombrables torches attachées aux palissades répandaient une clarté aussi vive que celle du jour. La plupart des seigneurs descendirent de cheval, et renvoyèrent leurs montures au village de Kenilworth pour suivre la reine à pied, comme les autres gentilshommes qu'on avait choisis pour la recevoir dans la galerie.

Raleigh adressa en ce moment la parole à Tressilian, comme il l'avait déjà fait à plusieurs reprises dans la soirée, et il ne fut pas peu surpris de ses réponses vagues et insignifiantes. Ces diverses circonstances, l'abandon qu'il avait fait de son appartement sans en donner de raison, son négligé, qui ne pouvait manquer de frapper les yeux de la reine, et plusieurs autres symptômes qu'il crut remarquer, le mirent en doute si son ami n'éprouvait pas quelque dérangement momentané dans son esprit.

Cependant la reine était à peine arrivée sur le pont, qu'un nouveau spectacle s'offrit à ses regards. Au signal donné par la musique, qui annonçait sa présence, on vit se mouvoir un radeau qui figurait une île flottante, éclairé par un grand nombre de torches, et environné de machines représentant des chevaux marins, sur lesquels étaient placés les tritons, les néréides et les autres divinités des rivières et de la mer. Cette île artificielle s'avança lentement jusqu'auprès du pont.

On y remarquait une belle femme revêtue d'une tunique de soie de couleur d'azur, attachée par une large ceinture, où étaient gravés des caractères mystérieux, comme les phylactères des Israélites. Elle avait les mains et les pieds nus; mais des bracelets d'or ornaient ses bras et ses chevilles. Sur les longues boucles de ses cheveux noirs elle portait une couronne de gui artificiel, et tenait à la main un bâton d'ivoire, garni d'argent. Deux nymphes la suivaient, revêtues comme elle d'un costume analogue et emblématique.

Les mesures étaient si bien prises que la dame de l'île flottante aborda à la tour de Mortimer avec ses deux suivantes au moment même où Élisabeth y arrivait. Alors l'étrangère, dans un élégant discours, s'annonça comme la fameuse dame du Lac, célèbre dans les histoires du roi Arthur, la même qui avait nourri la jeunesse du redoutable Lancelot, et dont la beauté avait triomphé de la sagesse et des charmes du puissant Merlin. Depuis cette époque elle avait habité ses domaines de cristal, en dépit des illustres personnages qui avaient successivement occupé le château de Kenilworth. Les Saxons, les Danois, les Normands, les Saintlowe, les Clinton, les Monfort, les Mortimer, les Plantagenet, quelles que fussent d'ailleurs leur gloire et leur magnificence, n'avaient jamais pu la décider à sortir de son humide palais; mais un nom plus grand encore que tous ces noms fameux ayant frappé son oreille, elle venait présenter son hommage à la reine Élisabeth, et l'inviter aux fêtes que le château et les environs, le lac et la terre allaient lui offrir.

La reine reçut ce compliment avec grace, et répondit en souriant : — Nous avions cru jusqu'ici que ce lac faisait partie de nos domaines; mais puisqu'une dame si célèbre le réclame, nous serons charmée d'avoir, dans un autre temps, une ample communication avec elle pour régler nos communs intérêts.

Après cette aimable réponse, la dame du Lac s'éloigna, et Arion, qui faisait partie des divinités de la mer, parut sur son dauphin; mais Lambourne, qui s'était chargé de ce rôle en l'absence de Wayland, transi de froid dans un élément qu'il aimait fort peu, ne sachant pas son rôle par cœur, et n'ayant pas, comme le portier, le secours d'un souffleur, paya d'effronterie, jeta son masque, et s'écria en jurant qu'il n'était ni Arion, ni Orion, comme on voudrait l'appeler, mais l'honnête Michel Lambourne; qu'il avait bu depuis le matin jusqu'au soir à la santé de Sa Majesté, et qu'il n'était venu que pour lui dire qu'elle était la bien-venue au château de Kenilworth.

Cette bouffonnerie imprévue eut plus de succès que n'en aurait eu probablement le discours préparé; la reine rit de bon cœur, et jura à son tour que c'était le meilleur discours qu'elle eût entendu de la journée. Lambourne, voyant que la plaisanterie faisait fortune, sauta lestement à terre, écarta le dauphin d'un coup de pied, et déclara que désormais il ne voulait plus avoir affaire avec les poissons que quand ils se présenteraient à lui sur une bonne table.

Au moment où la reine allait entrer dans le château on tira ce feu d'artifice mémorable que maître Laneham, déjà cité, a décrit avec toute son éloquence.

— Tels étaient, dit l'huissier de la chambre du conseil, la clarté des traits de flamme, l'éclat des étoiles resplendissantes, la pluie d'étincelles, les éclairs des feux d'artifice, le fracas du canon, que le ciel en retentit, les eaux s'en émurent, la terre en fut ébranlée;

et pour ma part, tout courageux que je suis, je n'ai jamais eu plus de peur de ma vie (1).

(1) Voyez le récit que fait Lancham du séjour de la reine à Kenilworth en 1575, histoire très-amusante, écrite par le plus fat de tous les auteurs. L'original est extrêmement rare ; mais il a été réimprimé deux fois : d'abord dans le curieux et intéressant recueil des Voyages et Processions publiques de la reine Elisabeth, par M. Nichol, tome Ier; et plus récemment dans la première livraison d'un ouvrage intitulé *Kenilworth illustrated* (Kenilworth *illustré*, c'est-à-dire orné de gravures, etc.), superbement imprimé à Chiswick pour MM. Meridew de Coventry et Ratcliff de Birmingham. Cet ouvrage, s'il est continué avec le même goût, sera une des plus belles productions modernes de ce genre.

CHAPITRE XXXII.

« Vous abusez de ma condescendance ;
« A ce procès je n'entends rien, ma foi :
« Parlez raison, messieurs, ou, croyez-moi
« Je suis forcé de lever l'audience. »

Beaumont et Fletcher.

Notre intention n'est pas de raconter minutieusement toutes les fêtes qui eurent lieu à Kenilworth, comme l'a fait Robert Laneham, que nous avons cité à la fin du dernier chapitre. Il nous suffira de dire qu'après le feu d'artifice que nous n'avons décrit qu'avec le secours de l'éloquent huissier du conseil, la reine traversa la tour de Mortimer, entra dans la cour de Kenilworth, et, passant au milieu d'une longue suite de dieux du paganisme et de héros de l'antiquité qui lui offraient à genoux des présens et leur hommage, elle arriva enfin à la grande salle du château, magnifiquement décorée pour la recevoir; de tous côtés on y voyait briller de riches tapisseries de soie; des torches embaumées y répandaient la lumière et les parfums, et une musique délicieuse s'y faisait entendre. A l'extrémité de la salle s'élevait un dais majestueux qui ombrageait le trône d'Elisabeth; derrière le trône s'ouvrait une porte qui conduisait à des appartemens ornés avec le plus grand luxe, et qu'on avait destinés à la reine et à ses dames d'honneur.

Le comte de Leicester donna la main à Élisabeth pour l'aider à monter sur son trône : quand elle fut assise, il se mit à genoux devant elle, et d'un air dans lequel une galanterie respectueuse et chevaleresque se mêlait à l'expression du dévouement le plus loyal, il baisa sa main, qu'elle lui présentait, et la remercia, avec l'accent de la plus vive reconnaissance, de l'honneur qu'il recevait d'elle, et qui était le plus grand qu'un souverain pût faire à un sujet. Il y avait quelque chose de si beau dans la figure du comte à genoux devant la reine, qu'elle fut tentée de prolonger cette scène quelques momens de plus qu'il n'était rigoureusement nécessaire. En retirant sa main, elle effleura légèrement la chevelure du comte qui tombait en boucles parfumées, et l'émotion de plaisir qu'elle laissa entrevoir fit penser aux spectateurs qu'elle aurait volontiers, si elle l'eût osé, remplacé ce mouvement par une légère caresse. Leicester se releva : placé près du trône, il expliqua à Élisabeth les différens préparatifs qu'on avait faits pour son amusement et sa réception : la reine approuva tout avec sa grace accoutumée. Le comte lui demanda ensuite de lui permettre, ainsi qu'aux autres gentilshommes qui l'avaient escortée pendant le voyage, de se retirer un moment, pour reparaître sous un costume plus convenable et plus digne de sa cour. Pendant notre absence, ajouta-t-il (en montrant Varney, Blount, Tressilian et autres) ces messieurs, qui ont eu le temps de changer de vêtemens, auront l'honneur de rester auprès de Votre Majesté.

— J'y consens, milord, répondit la reine : vous pourriez facilement diriger un théâtre, puisque vous commandez ainsi à une double troupe d'acteurs; quant à nous, nous vous traiterons ce soir un peu cavalièrement; notre dessein n'est pas de changer notre costume de route, étant très-fatiguée d'un voyage que le concours de nos fidèles sujets a rendu fort long, en même temps que l'amour qu'ils nous ont témoigné l'a rendu délicieux.

Après en avoir reçu la permission, Leicester se retira, et les autres gentilshommes qui avaient escorté la reine sortirent également. Ceux qui étaient arrivés les premiers, et qui avaient déjà fait leur toilette d'apparat, restèrent dans la salle de compagnie; mais comme ils étaient tous d'un rang inférieur, ils se tenaient à une distance respectueuse du trône. Le coup d'œil perçant de la reine distingua bientôt dans la foule Raleigh et deux ou trois autres gentilshommes personnellement connus de Sa Majesté. Elle leur fit signe de s'approcher, et les reçut d'une manière fort gracieuse. Raleigh, en particulier, fut très-bien accueilli : elle n'avait oublié ni l'aventure du manteau ni l'incident des vers. Elle s'adressa plusieurs fois à lui pour lui demander des informations sur le nom et le rang de ceux qui étaient en sa présence. Les réponses de Raleigh, précises et entremêlées de quelques traits plaisans et satiriques, paraissaient plaire beaucoup à Élisabeth. — Et quel est ce rustre? dit-elle en regardant Tressilian dont l'habit négligé déparait la bonne mine.

— C'est un poète, si Votre Majesté désire le savoir, répondit Raleigh.

— Je l'aurais parié en voyant son costume, dit Élisabeth. J'ai connu quelques poètes distraits jusqu'au point de jeter leurs manteaux dans les ruisseaux.

— C'était sans doute quand le soleil éblouissait leurs yeux et leur jugement, répondit Raleigh.

Élisabeth sourit et ajouta : — Je vous ai demandé le nom de ce personnage, vous ne m'avez appris que sa profession.

— Il s'appelle Tressilian, dit Raleigh, qui sentait une répugnance intérieure à le nommer, en voyant qu'il n'y avait rien de très-avantageux pour lui dans la manière dont il fixait l'attention de la reine.

— Tressilian! répondit Élisabeth, le Ménélas de notre roman! en vérité il est habillé de manière à disculper son Hélène; mais où est Farnham...? Farnham..., est-ce son nom...? L'homme du comte de Leicester... Le Pâris de cette histoire du Devonshire.

Raleigh lui nomma, et lui montra avec plus de répugnance encore, Varney, pour qui le tailleur avait épuisé tout son art, afin de lui donner un extérieur agréable, et qui, s'il manquait de grace, avait au moins une sorte de tact, et une habitude du monde qui y suppléait jusqu'à un certain point.

La reine les regardait alternativement l'un et l'autre.
— Je présume, dit-elle, que ce M. Tressilian le poète, qui est trop savant, je gage, pour pouvoir se rappeler en présence de qui il doit paraître, est un de ceux dont Geoffroy Chaucer dit avec esprit que *le plus sage clerc*

n'est pas toujours le plus sage des hommes. Je me rappelle que ce Varney est un fripon à langue dorée ; je suis sûre que la belle fugitive n'a pas manqué de motifs pour être infidèle.

Raleigh ne répondit rien, persuadé que ce serait mal entendre les intérêts de Tressilian que de contredire la reine, et ne sachant pas au reste s'il ne vaudrait pas mieux pour lui qu'elle interposât à la fin son autorité dans une affaire sur laquelle les pensées de Tressilian semblaient se fixer avec une obstination funeste. Tandis que ces idées l'occupaient, la porte s'ouvrit, et Leicester, accompagné de plusieurs de ses proches, et des nobles qui avaient embrassé son parti, rentra dans la salle.

Le favori était alors vêtu en blanc : il avait des bas de soie blancs tricotés, des culottes de velours blanc, doublées de drap d'argent qu'on voyait à travers les échancrures pratiquées le long des cuisses ; un pourpoint de même drap, et un justaucorps de velours blanc, brodé en argent et en graine de perles. Son ceinturon, attaché par une boucle d'or, était aussi de velours blanc comme le fourreau de son épée, dont la poignée était montée en or, de même que celle de son poignard. Par-dessus tout, il portait un riche manteau de satin blanc ayant une bordure de broderie en or d'un pied de largeur. Le collier de l'ordre de la jarretière, et la jarretière d'azur elle-même autour de son genou, complétaient le costume du comte ; et ce costume était si bien assorti à sa taille noble, à sa tournure pleine de grace et aux belles proportions de sa personne, que tout le monde avoua, lorsqu'il parut, que c'était le plus beau cavalier qu'on eût jamais vu. Sussex et les autres nobles portaient aussi de riches vêtemens, mais Leicester les éclipsait tous par sa grace et sa magnificence.

Élisabeth le reçut avec une affabilité remarquable. — Nous avons, dit-elle, un procès en juridiction royale à juger ; ce procès m'intéresse et comme femme et comme mère de tous mes sujets.

Un frisson involontaire saisit Leicester au moment où il s'inclinait pour exprimer à la reine son obéissance. Un frisson semblable glaça Varney, dont les yeux ne s'étaient point détournés de son maître pendant toute la soirée : il comprit aisément par l'altération du visage de Leicester, quelque légère qu'elle fût, quel était l'objet dont la reine l'entretenait ; mais Leicester parvint bientôt à feindre l'assurance qu'exigeait sa politique tortueuse ; et quand la reine ajouta : — C'est de Varney et de Tressilian que nous parlons : milord, cette dame est-elle ici... ? Il répondit, sans hésiter : — Noble princesse, elle n'y est pas.

Élisabeth fronça le sourcil et se mordit les lèvres : — Nos ordres étaient stricts et positifs, milord : telle fut son unique réponse.

— Et ils auraient été exécutés, illustre souveraine, continua Leicester, n'eussent-ils été qu'un simple souhait. Mais, Varney, avancez. C'est à lui à informer Votre Majesté pourquoi cette dame (il ne pouvait contraindre sa bouche rebelle à dire *sa femme*) ne peut paraître en votre auguste présence.

Varney s'avança, et soutint sans hésiter ce qu'en effet il croyait fermement, que la partie citée (car il n'osait pas non plus en présence de Leicester la nommer sa femme) était dans une impossibilité absolue de comparaître devant Sa Majesté.

— Voici, dit-il, une attestation d'un des plus habiles médecins, dont les talens et l'honneur sont connus de lord Leicester, et celle d'un dévot protestant, homme de bien et de crédit, M. Anthony Foster, chez lequel elle loge ; tous deux certifient qu'elle est maintenant atteinte d'une maladie qui l'empêche absolument d'entreprendre un voyage.

— C'est différent, dit la reine en prenant les certificats et regardant leur contenu. Faites approcher Tressilian. M. Tressilian, nous nous intéressons vivement à votre situation, d'autant plus que votre cœur n'est occupé que de cette Amy Robsart ou Amy Varney. Notre puissance, grace à Dieu et à l'obéissance de nos fidèles sujets, a quelque étendue ; mais il est certaines choses qui sont hors de sa portée ; nous ne pouvons pas, par exemple, commander aux affections d'une jeune étourdie, et faire qu'elle préfère le savoir et le bon sens à l'élégant pourpoint d'un courtisan. Nous ne pouvons rien non plus sur la maladie dont il paraît qu'est atteinte cette dame, qui ne peut par conséquent se présenter devant nous, comme nous l'avions ordonné. Voici l'attestation du médecin qui la soigne et celle du gentilhomme chez qui elle est logée, qui en font foi.

— Avec la permission de Votre Majesté, répondit Tressilian (qui, craignant la conséquence d'une imposture aussi dangereuse, oublia ce qu'il avait promis à Amy), ces certificats ne disent pas la vérité.

— Comment, monsieur, dit la reine, vous récusez la véracité du comte de Leicester ? Mais vous aurez toute latitude pour vous défendre ; en notre présence, le dernier de nos sujets a le droit de parler comme le premier, et le plus obscur comme le plus favorisé. Vous serez donc écouté sans obstacle; mais gardez-vous de parler sans preuves; prenez ces certificats, examinez-les, et dites-nous sérieusement si vous doutez de leur authenticité, et sur quels fondemens.

Tandis que la reine parlait, la promesse que Tressilian avait faite revint s'offrir à son esprit, et combattit vivement l'ardent désir qu'il avait de donner un démenti formel à des pièces dont la fausseté lui était démontrée; son air irrésolu prévint contre lui Élisabeth et tous ceux qui le voyaient. Il tournait et retournait les papiers comme un idiot, incapable de comprendre ce qu'ils contenaient; l'impatience de la reine commençait à devenir visible.

— Vous êtes un savant, monsieur, dit-elle, et un savant de mérite, m'a-t-on dit, et cependant vous êtes d'une longueur étonnante à lire ce peu de mots. Qu'en dites-vous? ces certificats sont-ils vrais ou faux?

— Madame, répondit Tressilian avec un embarras et une hésitation remarquables, voulant d'un côté éviter de reconnaître des certificats qu'il se trouverait peut-être bientôt dans la nécessité de dénier, et de l'autre désirant garder sa parole à Amy, et lui donner le temps, comme il le lui avait promis, de plaider elle-même sa propre cause comme elle l'entendrait. — Madame....., madame....., Votre Majesté m'oblige à reconnaître des certificats dont l'authenticité devrait être prouvée d'abord par ceux qui en font la base de leur défense.

— M. Tressilian, vous êtes aussi bon avocat que bon poète, dit la reine en jetant sur lui un regard de mécontentement. Il me semble que ces écrits étant produits en présence du noble comte de Leicester auquel appartient ce château, et l'honneur du comte étant appelé en témoignage, leur vérité doit vous être assez démontrée; mais, puisque vous insistez sur ces formalités, Varney, ou plutôt Leicester, car cette affaire vous regarde maintenant (cette parole, quoique jetée au hasard, fit frémir le comte), quelle preuve avez-vous de la vérité de ces attestations?

Varney se hâta de répondre avant Leicester. — Le jeune comte d'Oxford, qui est ici présent, dit-il, connaît l'écriture de M. Foster.

Le comte d'Oxford, jeune débauché, à qui Foster avait plus d'une fois prêté à d'honnêtes intérêts, attesta, sur cette interpellation, que c'était un digne et opulent franklin (1), et il reconnut que le certificat était de son écriture.

— Et qui reconnaitra le certificat du docteur? dit la reine; Alasco est son nom, à ce que je crois?

Masters, le médecin de Sa Majesté, qui n'avait pas oublié l'outrage qu'il avait essuyé à Say's-Court, et qui pensait que son témoignage pourrait servir Leicester et mortifier le comte de Sussex et son parti, reconnut qu'il avait plus d'une fois consulté avec le docteur Alasco, et parla de lui comme d'un homme d'un vaste savoir, quoique pourtant, dans sa pratique, il ne fût pas dans la bonne route. Le comte de Huntingdon, beau-frère de lord Leicester, et la comtesse de Rutland, firent aussi son éloge; tous se rappelèrent l'écriture de ses ordonnances, qui était exactement semblable au certificat produit.

— Maintenant, j'espère, M. Tressilian, qu'en voilà

(1) On donnait alors le nom de franklin aux propriétaires jouissant d'une certaine aisance, et faisant valoir leurs terres. — Tr.

assez sur ce sujet, dit la reine. Nous ferons quelque chose avant la fin de la nuit pour déterminer le vieux sir Hugh Robsart à consentir au mariage; vous avez fait votre devoir et au-delà ; mais nous ne serions pas femme si nous n'avions pas compassion des blessures que fait le véritable amour. Ainsi nous vous pardonnons votre audace et la malpropreté de vos bottes, dont l'infection a failli l'emporter sur les parfums de lord Leicester.

Ainsi parla Élisabeth. L'excessive délicatesse de son odorat était un des caractères de son organisation, comme elle le prouva long-temps après, quand elle chassa Essex de sa présence pour s'être rendu coupable, comme Tressilian, de paraître devant elle avec des bottes.

Mais Tressilian avait eu le temps de se reconnaître et de revenir de l'étonnement que lui avait causé d'abord une imposture soutenue avec tant d'audace, et qui démentait ce dont il avait été témoin. Il se précipita aux genoux de la reine, et la retenant par le bord de sa robe :

— Madame, si vous êtes chrétienne, dit-il ; si vous êtes reine pour rendre une égale justice à tous vos sujets..., pour écouter leurs prières comme vous espérez que le seront les vôtres (et je prie le ciel d'exaucer le vœu que j'en fais) à ce tribunal où nous comparaîtrons tous pour la dernière fois, daignez m'accorder une légère faveur; ne vous hâtez pas de prononcer; donnez-moi seulement vingt-quatre heures d'intervalle : ce court délai expiré, je prouverai, jusqu'à l'évidence, la fausseté des certificats qui font croire que cette dame infortunée est maintenant malade dans le comté d'Oxford.

— Laissez-moi, monsieur, dit Élisabeth que ce mouvement impétueux avait surprise, quoiqu'il y eût en elle quelque chose de trop mâle et de trop fier pour qu'elle pût éprouver la moindre crainte : cet homme doit être fou ! Mon filleul Harrington pourrait lui donner place dans son poëme de Roland Furieux. Cependant il y a quelque chose de bien étrange dans le ton de sa demande. Parlez, Tressilian ; à quoi vous soumettez-vous, si, une fois les vingt-quatre heures expirées, vous ne pouvez pas réfuter un fait aussi solennellement prouvé que la maladie de cette dame ?

Je consens à porter ma tête sur l'échafaud, répondit Tressilian.

— De par la lumière de Dieu, dit la reine, vous parlez comme un fou ; quelle tête peut tomber en Angleterre, à moins que la loi ne l'ordonne ? Je vous le demande, si vous avez assez de bon sens pour me comprendre, consentez-vous, si vous échouez dans ce dessein impraticable, consentez-vous à m'avouer franchement quelle est l'intention dans laquelle vous l'avez conçu ?

Tressilian se tut, et hésita de nouveau ; il sentait que si, dans l'intervalle demandé, Amy venait à se réconcilier avec son mari, ce serait lui rendre le plus mauvais de tous les services que de dévoiler tous ces mystères devant Élisabeth, et de montrer combien cette sage et prudente princesse avait été trompée par de faux témoignages ; cette incertitude fit renaître l'embarras dans ses regards, dans sa voix et dans tout son maintien ; et, quand la reine lui répéta cette question d'un ton sévère et d'un œil courroucé, il répondit, en paroles entrecoupées, qu'il pourrait peut-être, c'est-à-dire dans certaine circonstance, expliquer les raisons qui le faisaient agir.

— Maintenant, par l'ame du roi Henry, s'écria la reine, il y a là ou une folie complète, ou de la mauvaise foi! Raleigh, ton ami est beaucoup trop pindarique pour rester en ma présence; emmène-le, délivre-moi de sa personne, car il pourrait lui arriver pire. Son essor est trop impétueux pour tout autre pays que le Parnasse ou l'hôpital Saint-Luc: mais, toi-même, reviens aussitôt que tu l'auras déposé en lieu sûr. — Nous aurions bien désiré voir la beauté qui a pu faire tant de ravage dans le cerveau d'un homme qu'on dit doué d'une si grande sagesse.

Tressilian voulait s'adresser encore à la reine; mais Raleigh, pour obéir aux ordres qu'il avait reçus, l'en empêcha; et, aidé du secours de Blount, il le conduisit, moitié de gré, moitié de force, hors de la salle, où il commençait à s'apercevoir lui-même que sa présence était plus funeste qu'utile à ses intérêts.

Quand ils furent arrivés dans l'antichambre, Raleigh pria Blount de veiller à ce que Tressilian fût conduit dans les appartemens destinés aux gens de la suite du comte de Sussex, et même qu'on y montât la garde, si c'était nécessaire.

— Cette extravagante passion, dit-il, et, à ce qu'il paraît, la nouvelle de la maladie de celle qui en est l'objet, ont singulièrement dérangé son excellent jugement; mais cet accès se calmera avec un peu de repos: seulement qu'on prenne garde de ne pas le laisser sortir, car il est déjà assez mal dans l'esprit de Sa Majesté; provoquée de nouveau, elle saurait bien lui trouver une plus triste retraite et de plus sombres gardiens.

KENILWORTH.

— J'ai jugé qu'il était fou, dit Nicolas Blount en jetant un coup d'œil sur ses bas cramoisis et ses rosettes jaunes, rien qu'en voyant ces maudites bottes qui ont offensé l'odorat de la reine. Je veux le voir enfermer, et je reviens à l'instant. Mais, dis-moi, Walter, la reine a-t-elle demandé qui j'étais? J'ai cru m'apercevoir qu'elle jetait un regard sur moi.

— Vingt coups d'œil! oui, vingt coups d'œil ont été jetés sur toi, et je lui ai dit que tu étais un brave soldat et un... Mais, pour l'amour de Dieu, emmène Tressilian.

— J'y vais, j'y vais, dit Blount; mais il me semble que cette vie de cour n'est pas un si mauvais passe-temps; c'est le moyen de s'élever : Walter, mon ami, tu as donc dit que j'étais un brave soldat et... Et quoi ensuite, mon très-cher Walter?

— Un tout ineffable... Mais, allons donc, au nom du ciel, dépêche-toi de partir.

Tressilian, sans faire ni résistance ni question, suivit Blount, ou plutôt se laissa conduire par lui au logement de Raleigh ; il fut installé sur un lit de sangle placé dans un cabinet, et destiné à un domestique. Il ne voyait que trop clairement qu'aucune remontrance ne pourrait exciter l'intérêt de ses amis, ou les engager à le secourir, jusqu'à ce que l'expiration du délai pendant lequel il avait promis de demeurer dans l'inaction lui permit de tout dévoiler, on lui eût ôté tout désir et tout prétexte de se mêler de la destinée d'Amy si elle était reconciliée avec son époux.

Ce ne fut qu'avec beaucoup de peine, et après des représentations faites avec calme et douceur, qu'il évita le désagrément et la honte d'avoir deux hommes de la garde du comte de Sussex campés dans son appartement

A la fin, Blount, le voyant couché tranquillement dans son lit, donna, en jurant de bon cœur, deux ou trois coups de pied aux bottes que, dans ses nouveaux principes, il regardait comme un symptôme décisif, peut-être même comme la cause de la maladie de son ami, et il se contenta, comme par composition, de fermer la porte. Ce fut ainsi que les efforts généreux et désintéressés du malheureux Tressilian pour sauver une femme dont il n'avait éprouvé que l'ingratitude, n'aboutirent, ce jour-là, qu'à lui attirer la disgrace de sa souveraine, et à convaincre ses amis qu'il n'était guère mieux que fou.

CHAPITRE XXXIII.

« Le plus sage des rois, au sein de sa grandeur.
» Comme un simple mortel est sujet à l'erreur.
» Il accorde parfois bonheur, crédit, puissance,
» A qui mériterait la corde et la potence.
» Mais comment les blâmer ? Les rois font de leur mieux,
» Et c'est l'intention qui nous juge comme eux. »

Ancienne comédie.

—C'est une cruelle chose, dit la reine quand Tressilian fut parti, de voir un homme sage et instruit dont l'esprit soit si complètement dérangé. Cette preuve évidente de sa folie démontre que son accusation n'était pas fondée; ainsi, lord Leicester, nous n'avons pas oublié la demande que vous nous avez faite pour votre fidèle serviteur Varney, dont le mérite et la loyauté doivent être récompensés par nous, puisque ses qualités vous sont utiles. Cette faveur sera le prix du zèle et du dévouement que vous mettez à notre service, et nous vous accordons la grâce que vous sollicitez pour Varney, avec d'autant plus de plaisir que nous vous devons quelque reconnaissance pour l'hospitalité que nous recevons chez vous. D'ailleurs, cette marque particulière de notre bienveillance donnera quelque consolation au bon chevalier de Devon, sir Hugh Robsart, dont il a épousé la fille, et j'espère par là le réconcilier avec son gendre. Votre épée, milord.

Elle la prit lentement, la tira du fourreau, et tandis que les dames qui l'environnaient détournaient la tête, saisies d'un frisson feint ou véritable, elle remarqua d'un œil curieux le poli et les riches ornemens damassés du glaive étincelant.

— Si j'eusse été homme, dit-elle, il me semble qu'aucun de mes ancêtres n'eût aimé autant que moi une bonne épée. J'aime à considérer les armes; et comme la *Fata Morgana*, dont j'ai lu les aventures dans un livre italien... Si mon filleul Harrington était ici, il me rappellerait ce passage... Je voudrais arranger mes cheveux et ajuster ma coiffure dans un miroir d'acier comme celui-ci... Richard Varney, avancez et mettez-vous à genoux. Au nom de Dieu et de saint Georges, nous vous faisons chevalier! soyez fidèle, brave et heureux... Sir Richard Varney, levez-vous!

Varney se releva, et se retira en s'inclinant profondément devant sa souveraine, qui venait de lui conférer un honneur aussi insigne.

— Demain, dit la reine, nous vous armerons de l'éperon dans la chapelle, et nous achèverons la cérémonie. Nous voulons aussi vous donner un nouveau frère en chevalerie. Mais comme la justice doit présider à la distribution de nos graces, nous nous réservons de consulter à cet effet notre cousin le comte de Sussex.

Ce seigneur, qui depuis son arrivée à Kenilworth, et même depuis le commencement du voyage, s'était vu éclipsé par Leicester, avait le front couvert de sombres nuages. Son air de mécontentement ne put échapper à la reine, qui espéra l'apaiser et suivre en même temps son système de balance politique par une marque particulière de faveur accordée au comte de Sussex, au moment où le triomphe de son rival paraissait complet.

A l'ordre d'Élisabeth, Sussex se hâta d'approcher : la reine lui ayant demandé quel était celui des gentilshommes de sa suite qu'il désirait de préférence voir nommer chevalier, il répondit avec plus de sincérité que d'adresse qu'il se serait hasardé à parler pour Tressilian à qui il se croyait redevable de la vie, et qui, d'ailleurs, soldat et savant distingué, descendait d'une famille sans tache; mais, dit-il, je crains que les événemens de cette nuit... Il s'arrêta.

— Je vois avec plaisir cette discrétion de Votre Seigneurie, dit Élisabeth ; après ce qui vient d'arriver, nous serions regardée par nos sujets comme aussi folle que ce pauvre gentilhomme, car je crois qu'il n'y a nulle mauvaise intention dans sa conduite, si nous choisissions ce moment pour lui accorder une faveur.

— En ce cas, répondit le comte un peu déconcerté, Votre Majesté me permettra de lui recommander mon premier écuyer, M. Nicolas Blount. C'est un gentilhomme de bonne maison, dont le nom a quelque ancienneté. Il a servi Sa Majesté en Écosse et en Irlande, et il porte sur son corps d'honorables cicatrices.

Élisabeth ne put s'empêcher de hausser légèrement les épaules à ce second choix; et la duchesse de Rutland, qui lut dans les yeux de la reine qu'elle avait espéré que

Sussex lui nommerait Raleigh, et qu'ainsi elle pourrait contenter son désir en paraissant faire honneur à sa recommandation, attendit qu'elle eût consenti à ce qui lui était était demandé, et dit alors que, puisque ces deux puissans seigneurs avaient eu la permission de désigner un candidat à la chevalerie, elle oserait, au nom de toutes les dames qui étaient présentes, demander la même faveur.

— Je ne serais pas femme si je refusais une semblable demande, dit la reine en souriant.

— Je supplie donc Votre Majesté, au nom de toutes ces dames, ajouta la duchesse, d'élever au rang de chevalier Walter Raleigh, que sa naissance, ses hauts faits d'armes, et le zèle qu'il met à servir notre sexe avec la plume et l'épée, rendent digne de cet honneur.

— Je remercie ces dames, dit Élisabeth en souriant, et je consens à leur demande. L'aimable écuyer *sans manteau* deviendra le brave chevalier *sans manteau*, ainsi que vous le désirez : faites avancer les deux aspirans à la chevalerie.

Blount n'était pas encore de retour. Raleigh s'avança seul, et, se mettant à genoux, il reçut des mains de la reine le titre de chevalier, qui jamais ne fut conféré à un sujet plus illustre et plus distingué.

Nicolas Blount arriva quelques momens après; et il apprit de la bouche de Sussex, qu'il rencontra à la porte de la salle, les bonnes dispositions de la reine à son égard, et l'ordre qu'elle avait donné de le faire approcher du trône. C'est un spectacle qui n'est pas rare, mais à la fois pénible et plaisant, que celui d'un homme doué d'un gros bon sens, et que la coquetterie d'une jolie femme ou tout autre motif jettent dans ces frivolités qui ne conviennent qu'à l'aimable jeunesse ou à ceux pour qui la longue habitude en a fait une seconde nature. Le pauvre Blount se trouvait dans ce cas. Sa riche parure et l'obligation où il croyait être d'assortir ses manières à l'élégance de son costume, lui avaient déjà passablement tourné la tête. La nouvelle subite de cette promotion acheva de faire triompher sur son véritable caractère cet esprit sémillant et léger qu'il avait adopté nouvellement, et métamorphosa soudain un homme simple, honnête, mais gauche, en un freluquet de l'espèce la plus nouvelle et la plus ridicule.

Le candidat chevalier s'avança dans la salle, que par malheur il fallait traverser d'un bout à l'autre. Il tournait le pied en dehors avec tant d'affectation que chacune de ses jambes, qui se présentait avec la partie postérieure en avant, ressemblait à un de ces vieux couteaux à lame recourbée. Le reste de sa personne répondait à cette allure grotesque. Le mélange de son embarras et d'un air d'amour-propre satisfait était si complètement ridicule que les partisans de Leicester laissèrent échapper un malin sourire qui fut partagé involontairement par quelques-uns des gentilshommes de Sussex, quoique forcés de se mordre les ongles de dépit. Sussex lui-même perdit patience, et ne put s'empêcher de dire à l'oreille de son ami : — Maudit Blount! ne peux-tu donc marcher comme un homme ou comme un soldat? Cette apostrophe le fit tressaillir, et il s'arrêta jusqu'à ce qu'un regard jeté sur ses rosettes jaunes et ses bas rouges lui eût rendu son assurance; alors il se remit à marcher du même pas qu'auparavant.

La reine reçut le pauvre Blount chevalier, avec une répugnance bien marquée; elle ne conférait qu'avec la plus grande circonspection ces titres d'honneur, distribués après elle avec une telle profusion par la maison de Stuart qu'ils perdirent beaucoup de leur prix. Blount ne fut pas plus tôt hors de sa présence qu'elle se tourna vers la duchesse de Rutland :

— Notre esprit féminin, dit-elle, ma chère Rutland, est plus habile que celui de ces créatures en pourpoint et en haut-de-chausses. De ces trois chevaliers, le tien était le seul digne de recevoir ce titre.

— Sir Richard Varney, l'ami de lord Leicester,... a du mérite certainement... répondit la duchesse.

— Varney a l'air sournois et la langue mielleuse, répondit la reine; je crains qu'il ne déshonore le titre qu'il vient de recevoir : mais j'avais promis depuis long-temps. Sussex a sans doute perdu l'esprit de nous désigner d'abord un fou comme Tressilian, et puis un rustre comme son second protégé. Je t'assure, Rutland, que lorsqu'il était à genoux devant moi, grimaçant et faisant la moue comme si sa soupe lui brûlait la bouche, j'ai eu peine à me retenir de lui donner un bon coup sur la tête, au lieu de lui frapper sur l'épaule.

— Votre Majesté lui a donné une accolade un peu rude, dit la duchesse; nous avons entendu la lame de l'épée retentir sur son omoplate, et le pauvre homme en a frissonné comme s'il se croyait blessé.

— Je n'ai pu m'en empêcher, dit la reine... Mais nous enverrons ce sir Nicolas en Irlande ou en Écosse, ou dans tout autre lieu, pour délivrer notre cour d'un chevalier si rustre.

La conversation devint alors générale, et Leicester invita bientôt Sa Majesté à venir s'asseoir au banquet.

Les convives furent obligés de traverser la cour intérieure du château pour arriver aux bâtimens neufs, où se trouvait la vaste salle à manger, dans laquelle était servi un souper digne d'un si beau jour.

Dans ce trajet, les nouveaux chevaliers furent assaillis par les hérauts, les poursuivans d'armes et les ménestrels, tous poussant le cri d'usage, *largesse, largesse, chevaliers très-hardis!* Cette ancienne acclamation avait pour but d'exciter la générosité des nouveaux chevaliers envers ceux dont les fonctions consistent à conserver leurs armoiries ou à célébrer leurs hauts faits. Les trois élus, à qui s'adressait cette invitation, y répondirent libéralement. Varney distribua ses dons avec une politesse et une modestie affectées; Raleigh accompagna les siens de l'aisance gracieuse d'un homme qu'on vient de mettre à sa place, et qui a l'habitude des grandeurs. Le pauvre Blount donna tout ce que son tailleur lui avait laissé de son revenu d'une année entière. Il était si troublé qu'en exerçant sa libéralité il laissait tomber de temps en temps quelques pièces d'argent, se baissait ensuite pour les ramasser, et finissait par les partager entre les hérauts avec l'air inquiet et le maintien d'un bedeau de paroisse qui distribue une aumône aux pauvres.

Ces largesses furent reçues avec les remerciemens et les *vivats* d'usage. Mais comme ceux qui en profitaient étaient presque tous au service de Leicester, c'était le nom de Varney qu'on répétait avec les plus vifs applaudissemens: Lambourne surtout se faisait distinguer par ses vociférations: — Longue vie à sir Richard Varney! — Santé et honneur à sir Richard! — Jamais plus digne chevalier ne reçut l'accolade. — Puis, baissant le ton, il ajoutait : — Depuis le vaillant sir Pandarus de Troie (1). Cette conclusion fit partir d'un éclat de rire tous ceux qui étaient à portée de l'entendre.

Il est inutile de parler plus longuement des fêtes de cette soirée, qui furent si brillantes, et dont la reine témoigna tant de satisfaction que Leicester se retira dans son appartement, enivré d'une espérance ambitieuse. Varney, qui s'était dépouillé de son riche vêtement, attendait son maître dans un costume simple et modeste, pour faire les honneurs du *coucher* du comte.

— Comment donc, sir Richard! dit Leicester en souriant; cet humble habillement ne sied pas à votre nouvelle dignité.

— J'y renoncerais, milord, répondit Varney, si je pouvais penser qu'elle dût m'éloigner de Votre Seigneurie.

— Allons, tu es un serviteur reconnaissant, ajouta Leicester; mais je ne veux pas que tu fasses rien qui puisse te dégrader dans l'opinion des autres.

Tout en parlant ainsi, il recevait néanmoins les services du nouveau chevalier, qui semblait les lui rendre avec autant de plaisir qu'en exprimaient ses paroles.

— Je n'ai pas peur des médisans, répondit-il à la remarque de Leicester et en continuant à le déshabiller; car il n'y a personne dans le château qui ne s'attende à voir bientôt des gens d'un rang supérieur à celui que, grace à vos bontés, j'occupe maintenant, remplir auprès de vous les fonctions de valet de chambre, et s'en tenir honorés.

(1) Personnage de *Troïlus et Cressida* (Shakspeare), qui a quelque rapport avec le *Bonneau de la Pucelle*. — ÉD.

— Oui, cela aurait pu arriver, dit le comte en poussant un soupir involontaire; puis il ajouta: Donne-moi ma robe de chambre, Varney, il faut que je considère le ciel; la lune n'est-elle pas bientôt dans son plein?

— Je le pense, milord, d'après le calendrier, répondit Varney.

Il y avait une fenêtre de l'appartement qui s'ouvrait sur un petit balcon construit en pierres et crénelé comme dans tous les châteaux gothiques. Le comte ouvrit la croisée; le balcon dominait sur une grande partie du lac et sur le parc et la rive opposée. Les rayons de la lune dormaient immobiles sur l'onde azurée et sur les massifs lointains d'ormeaux et de chênes. L'astre des nuits au plus haut des cieux était entouré de mille satellites subalternes. Un calme profond régnait sur la terre, et n'était interrompu quelquefois que par la voix des gardes de nuit (c'étaient les *yeomen* de la garde qui faisaient ce service de nuit partout où se trouvait la reine) et les aboiemens lointains des limiers que réveillaient les préparatifs d'une chasse magnifique annoncée pour le lendemain.

Leicester contempla la voûte azurée du firmament. Ses gestes et son maintien exprimaient une vive émotion mêlée de joie et d'inquiétude, pendant que Varney, qui était resté dans l'ombre de l'appartement, pouvait, sans être remarqué, voir avec une satisfaction secrète son patron étendre les bras vers les corps célestes.

— O vous, globes d'une flamme vivante (telle fut l'invocation que murmura le comte ambitieux), vous parcourez en silence le cercle de votre carrière mystérieuse! mais la sagesse vous a donné une voix; dites-moi donc quelle haute destinée m'est réservée. La grandeur à laquelle j'aspire sera-t-elle brillante, sublime et durable comme la vôtre, ou suis-je condamné à ne jeter qu'un éclat éphémère au milieu des ténèbres de la nuit, pour retomber ensuite vers la terre, semblable aux débris de ces feux d'artifice avec lesquels les hommes voudraient égaler vos rayons?

Il regarda encore le ciel pendant une minute ou deux, puis il rentra dans l'appartement, où Varney feignait de s'être occupé à renfermer les bijoux du comte dans sa cassette.

— Que pense Alasco de mon horoscope? demanda Leicester. Tu me l'as déjà dit, mais cela m'est échappé, car je ne crois pas sérieusement à son art.

— Plusieurs hommes de science et plus d'un grand homme en ont pensé bien autrement, répondit Varney; et, pour parler avec franchise à Votre Seigneurie, je suis assez de leur avis.

—Ah! ah! comme Saül au milieu des prophètes!... Je te croyais d'un scepticisme absolu sur tout ce que tu ne pouvais ni voir, ni entendre, ni toucher, ni sentir, ni goûter;... en un mot, que ta croyance était bornée par tes sens.

— Peut-être que c'est le désir de voir la prédiction de l'astrologue s'accomplir qui me rend plus crédule aujourd'hui. Alasco dit que votre planète favorable est dans son point culminant, et que l'influence contraire (il n'a pas voulu parler avec plus de clarté), quoique non encore terrassée, est évidemment rétrograde : c'est, je crois, le terme dont il s'est servi.

— Oui, c'est cela, dit Leicester en regardant un extrait de calculs astrologiques qu'il tenait à la main; l'influence la plus forte prévaudra, et, d'après ce que je crois, l'heure fatale est passée. Aidez-moi, sir Richard, à quitter ma robe de chambre, et restez un instant, si cela n'est pas trop pénible pour un chevalier, pendant que je me mets au lit. Je crois que la fatigue de cette journée m'a mis la fièvre dans le sang, car je sens qu'il circule dans mes veines aussi brûlant que le plomb fondu. — Attends un instant, je t'en prie; je voudrais bien sentir mes yeux s'appesantir.

Varney aida officieusement son maître à se mettre au lit, et plaça une lampe d'argent massif avec une épée sur une table de marbre près du chevet. Alors, soit pour n'être pas fatigué par la lueur de la lampe, soit pour cacher sa figure à Varney, Leicester tira son rideau. Varney s'assit près du lit, le dos tourné vers son maître, comme pour lui faire entendre qu'il n'avait pas dessein d'épier ses mouvemens, et il attendit tranquillement que Leicester commençât à parler sur le sujet qui occupait exclusivement toutes ses idées.

— Ainsi donc, Varney, dit le comte après avoir attendu vainement que son écuyer entamât la conversation, on parle des bontés que la reine a pour moi.

— Mais, milord, dit Varney, comment pourrait-on n'en rien dire quand ses bontés sont si manifestes?

— En vérité, c'est une bonne maîtresse, dit Leicester après un moment de silence; mais il est écrit: Ne vous fiez pas aux princes.

— La sentence est bonne et vraie, reprit Varney, à moins toutefois qu'on ne sache lier leurs intérêts aux nôtres si étroitement qu'on les tienne sur le poing comme le faucon qui va partir.

— Je devine ton intention, dit Leicester avec impatience; quelle que soit la réserve que tu mettes ce soir dans toutes tes paroles, tu veux me faire entendre que je pourrais épouser la reine si je le voulais.

— C'est vous qui le dites, milord, et non pas moi ; peu importe, c'est ce que croient, en Angleterre, quatre-vingt-dix-neuf personnes sur cent.

— Oui, dit Leicester en se retournant dans son lit, mais la centième est mieux instruite. Toi, par exemple, tu connais des obstacles qui ne peuvent être surmontés.

— Et qui doivent pourtant l'être, milord, s'il faut en croire les étoiles, dit Varney avec un air composé.

— Que dis-tu là ? répondit Leicester, toi qui ne crois ni à l'astrologie ni à rien.

— Vous vous trompez, milord, sauf le respect que je vous dois ; je crois à certains présages de l'avenir. Je crois, par exemple, que, s'il pleut en avril, il y aura des fleurs au mois de mai ; que, si le soleil brille, les grains mûriront ; et, dans ma philosophie naturelle, je crois à beaucoup de choses qui me feraient ajouter foi aux étoiles si les étoiles les présidaient ; c'est ainsi que je ne refuserai pas de croire ce que je vois universellement attendu et désiré sur la terre, uniquement parce que les astrologues prétendent l'avoir lu dans le ciel.

— Tu as raison, dit Leicester en s'agitant dans son lit, on désire universellement ce mariage. J'ai reçu des avis des églises réformées d'Allemagne, des Pays-Bas, de la Suisse, qui croient que de cet événement dépend le salut de l'Europe. La France ne s'y opposerait pas ; le parti dominant en Écosse le regarderait comme une garantie ; l'Espagne le redoute, mais elle ne peut s'y opposer ; cependant tu sais que cela est impossible.

— C'est ce que je ne sais pas, milord ; la comtesse est indisposée.

— Misérable! dit Leicester en se levant sur son séant et en saisissant son épée sur la table : abandonne ces infames pensées! Ne voudrais-tu pas l'assassiner?

— Pour qui me prenez-vous, milord? dit Varney affectant toute la dignité de l'innocence calomniée; il ne m'est rien échappé qui puisse donner lieu à cette horrible imputation. J'ai dit seulement que la comtesse était malade; et la comtesse, tout aimable, toute chérie qu'elle est, n'en est pas moins sujette à la loi commune; elle peut mourir, et Votre Seigneurie redevenir libre.

— Loin de moi cette affreuse pensée, dit Leicester; qu'il n'en soit plus question.

— Bonne nuit, milord, dit Varney, feignant de prendre ces dernières paroles pour un ordre de s'en aller; mais la voix de Leicester l'arrêta.

— Tu ne m'échapperas pas ainsi, maître fou! Je crois que ton nouveau rang t'a fait tourner la tête. Avoue-le, tu viens de parler de choses impossibles, comme si elles pouvaient arriver.

— Milord, que Dieu donne longue vie à votre belle comtesse, quoique ni votre amour ni mes vœux ne puissent la rendre immortelle; mais quand même le ciel la conserverait long-temps pour son bonheur et pour le vôtre, je ne crois pas que ces nœuds doivent vous empêcher de devenir roi d'Angleterre.

— Pour le coup, mon pauvre Varney, tu es fou décidément.

— Ah! que je voudrais être aussi sûr de posséder quelque jour une belle et bonne terre seigneuriale! Ne savez-vous pas comment, dans d'autres pays, un mariage de la main gauche peut subsister entre des personnes de conditions différentes, sans que, pour cela, le mari soit obligé de renoncer à une alliance plus convenable?

— Oui, j'ai entendu dire que cet usage existait en Allemagne.

— Il y a plus ; on prétend même que les docteurs des universités étrangères l'appuient sur plusieurs textes de l'Ancien Testament. Après tout, quel grand mal y a-t-il? L'aimable compagne que vous avez choisie par amour a tous vos momens secrets de repos et d'épanchement; sa réputation n'en souffre pas, sa conscience est tranquille. Vous vous procurez par là les moyens de pourvoir à tout, s'il plait au ciel de vous envoyer quelque rejeton; et vous pouvez encore réserver à Élisabeth dix fois autant de loisir et dix fois autant d'amour que jamais don Philippe d'Espagne n'en accorda à sa sœur Marie; cependant vous savez combien elle l'aimait, malgré sa froideur et sa négligence. Il ne faut pour cela que bouche close et front ouvert. Vous êtes maître de conserver en même temps et votre Éléonore et votre belle Rosemonde; je me charge de vous trouver une retraite où l'œil jaloux d'une reine ne pourra jamais pénétrer.

Leicester garda quelque temps le silence, puis il dit en soupirant: — C'est impossible. Adieu, sir Richard Varney. — Non, demeurez encore. Soupçonnez-vous quelle était l'intention de Tressilian en paraissant aux yeux de la reine dans un costume si négligé? Voulait-il intéresser son cœur par la compassion qu'inspire toujours un amant abandonné par sa maîtresse, et qui perd sa raison pour elle?

Varney, étouffant avec affectation un rire moqueur,

répondit qu'il ne croyait pas que Tressilian eût pareille chose en tête.

— Comment! dit Leicester, qu'entends-tu par là? il y a toujours quelque malice dans ta manière de rire, Varney.

— J'entends seulement, milord, que Tressilian a pris le plus sûr moyen pour ne pas mourir de douleur; il a une compagne, une femme, une maîtresse, la femme ou la sœur d'une espèce de comédien, à ce que je crois, qui cohabite avec lui dans la tour de Mervyn, où je l'ai logé pour certains motifs particuliers.

— Une maîtresse! une maîtresse, dis-tu?

— Oui, milord; qui diable passerait des heures entières dans la chambre d'un homme, si ce n'était sa maîtresse?

— Sur ma foi, c'est un excellent conte à répéter en temps et lieu, dit Leicester. Je ne me suis jamais fié à ces savans à mine hypocrite. C'est fort bien! M. Tressilian use de ma maison sans cérémonie : si je laisse passer cela, il doit en remercier certain souvenir : cependant, Varney, ayez l'œil sur lui.

— C'est pour cela même que je l'ai logé dans la tour de Mervyn, où il est sous l'inspection de mon très-vigilant serviteur, qui malheureusement est aussi un franc ivrogne. C'est Michel Lambourne, que je veux dire, et dont j'ai déjà parlé à Votre Grace.

— Votre Grace! que signifie cette épithète(1)?

— Elle me vient à la bouche sans que j'y aie songé, milord; et cependant elle me parait si naturelle que je ne puis pas la révoquer.

(1) Nous avons déjà remarqué que le titre de Grace était alors presque exclusivement réservé à la royauté. — Éd.

— En vérité, c'est ta nouvelle dignité qui t'a dérangé la cervelle, dit Leicester en souriant : les honneurs portent à la tête comme le vin.

— Puisse Votre Seigneurie en parler bientôt par expérience! dit Varney ; et il se retira en souhaitant une bonne nuit à son maître.

CHAPITRE XXXIV.

> « La trahison est prête à frapper sa victime.
> » Telle aux pieds du chasseur que la poursuite anime
> » On voit la biche en pleurs tomber en haletant,
> » Quand, pour ouvrir son sein de terreur palpitant,
> » Il offre un fer cruel à quelque noble dame,
> » Dont il achète ainsi le retour de sa flamme. »
>
> Le Bûcheron.

Il faut que nous retournions dans la tour de Mervyn, ou pour mieux dire dans la prison de la malheureuse comtesse de Leicester, qui pendant quelque temps parvint à contenir son inquiétude et son impatience. Elle prévoyait bien que, dans le tumulte d'un pareil jour, il était possible que sa lettre ne fût pas remise immédiatement à Leicester, et qu'il ne pût pas s'arracher encore à son service auprès d'Élisabeth pour venir la visiter dans son asile secret. — Je ne dois l'attendre que ce soir, pensait-elle ; il ne pourra quitter la reine, même pour se rendre auprès de moi. Je sais qu'il fera tout au monde pour venir plus tôt, mais je ne dois pas l'attendre avant la nuit.

Cependant elle ne passa pas un moment sans l'attendre, et tout en cherchant à se persuader le contraire, chaque bruit qu'elle entendait lui semblait l'approche empressée de Leicester, qui accourait pour la presser dans ses bras.

La fatigue qu'Amy avait essuyée depuis peu et l'agitation naturelle que cause une incertitude si cruelle commençaient à affecter ses nerfs ; elle craignait d'être hors d'état de supporter les événemens qui se préparaient. Mais, quoique élevée comme un enfant gâté, Amy avait naturellement une ame courageuse et un tempérament fortifié par l'exercice qu'elle prenait en accompagnant souvent son père à la chasse. Elle appela à son secours toute son énergie ; sentant combien sa destinée future dépendait de sa résolution, elle pria mentalement le ciel de la soutenir, et prit en même temps la ferme décision de ne céder à aucune émotion capable de l'ébranler.

Cependant lorsque la grosse cloche du château, qui, placée dans la tour de César, n'était pas éloignée de celle de Mervyn, donna le signal de l'arrivée de la reine, ce son fut si pénible à sa sensibilité exaltée par l'inquiétude, qu'Amy ne put s'empêcher de pousser un cri de douleur chaque fois qu'elle entendait le tintement assourdissant de l'airain.

Bientôt après, quand le petit appartement qu'elle occupait fut tout d'un coup inondé de flots de lumière par les feux d'artifice qui se croisaient dans l'air comme des esprits de flamme, ou comme des salamandres exécutant une danse bizarre dans les régions des sylphes, il lui sembla que chaque fusée éclatait si près de ses yeux qu'elle sentait l'impression de la chaleur.

Mais elle lutta contre ces terreurs fantastiques, et fit un effort sur elle-même pour se lever, se placer à la fenêtre, et fixer ses regards sur un spectacle qui, dans toute autre circonstance, lui eût paru à la fois curieux et imposant. Les tours magnifiques du château étaient ornées de guirlandes de feu, ou couronnées d'une pâle vapeur. La surface du lac étincelait comme le fer fondu dans la fournaise, tandis que des traits de flamme qui s'élançaient dans les airs ou retombaient dans l'eau sans s'éteindre, semblaient autant de dragons enchantés se jouant sur un lac de feu.

Amy prit même un moment intérêt à un spectacle si nouveau pour elle.

— Je croirais que tout ceci est un effet de l'art magique, pensa-t-elle, si le pauvre Tressilian ne m'avait appris à juger ces choses telles qu'elles sont... Grand Dieu, ces vaines splendeurs ne ressemblent-elles pas à mes espérances? Mon bonheur n'est-il pas une étincelle qui sera bientôt engloutie dans une mer de ténèbres! une clarté précaire qui ne s'élève un moment dans l'air que pour tomber de plus haut! O Leicester! après tout ce que tu m'as dit, après tout ce que tu m'as juré, se peut-il que tu sois le magicien au signe duquel toutes ces merveilles s'opèrent, et que ton Amy ne les voie que comme une captive? ton Amy! qui était ton amour et ta vie.

La musique continuelle qui s'élevait des diverses parties du château, plus ou moins éloignées, inspirait les mêmes pensées douloureuses au cœur de la comtesse. Quelques accords plus lointains et plus doux semblaient sympathiser avec ses peines, et d'autres, plus bruyans et plus gais, semblaient insulter à son infortune.

— Cette musique est à moi, disait-elle, puisqu'elle est à lui; mais je ne puis ordonner qu'on l'interrompe. Ces airs bruyans me déplaisent, et le dernier villageois qui se mêle à la danse a plus de pouvoir pour donner des ordres aux musiciens, que moi qui suis maîtresse de tout ici.

Peu à peu le son des instrumens cessa, aucun bruit ne se fit plus entendre, et la comtesse abandonna la fenêtre, où elle était restée à écouter. Il était nuit, mais la lune éclairait tellement la chambre qu'Amy put tout disposer comme elle le voulut. Elle espérait que Leicester se rendrait auprès d'elle aussitôt que tout serait paisible dans le château. Mais elle avait aussi à craindre d'être troublée par quelque autre personne. Elle ne comptait guère sur la clef, depuis que Tressilian était entré si facilement, quoique la porte fût fermée en dedans. Pour plus de sécurité, tout ce qu'elle put faire fut de placer la table en travers, afin que le bruit l'avertît si quelqu'un essayait d'entrer. Ayant pris ces précautions nécessaires, la malheureuse Amy se jeta sur sa couche, rêvant dans une attente inquiète, et comptant tous les instans, jusqu'à une heure après minuit. La nature épuisée l'emporta enfin sur l'amour, la douleur et l'inquiétude, et Amy s'endormit; oui, elle dormit.

— L'Indien dort dans les intervalles de ses tortures; les peines du cœur épuisent de même, à la longue, la sensibilité, et leurs cruelles atteintes ne se renouvellent qu'après un repos léthargique.

La comtesse dormit pendant plusieurs heures; elle

rêva qu'elle se trouvait dans l'antique demeure de Cumnor-Place; elle prêtait l'oreille, en croyant entendre le coup de sifflet par lequel Leicester annonçait sa présence dans la cour lorsqu'il venait la surprendre par une de ses visites clandestines. Mais cette fois c'était le son d'un cor qu'elle entendait; elle reconnut l'air particulier que sonnait son père à la défaite du cerf, et que les chasseurs appellent une *mort*. Elle s'imagina qu'elle courait à une fenêtre qui donnait sur la cour, où était réunie une foule nombreuse en habit de deuil. Le vieux curé récitait la prière des funérailles; Mumblazen, revêtu d'un costume antique, comme les hérauts d'autrefois, portait un écusson avec les emblèmes d'usage, des ossemens en croix, des têtes de mort et des sabliers autour d'une armoirie que surmontait la couronne des comtes. Le vieillard regardait Amy avec un sourire affreux, et lui disait : — Amy, ces armoiries ne sont-elles pas bien blasonnées? — A ces mots les cors recommencèrent à sonner l'air triste de la mort du cerf, et elle s'éveilla.

Elle entendit réellement les sons d'un cor, ou plutôt de plusieurs cors réunis qui faisaient retentir le château, non de l'air de mort, mais de la joyeuse *réveillée*, pour avertir les hôtes de Kenilworth que les amusemens de ce jour commenceraient par une chasse au cerf dans le parc voisin.

— Il ne pense pas à moi, se dit-elle, il ne viendra pas; une reine honore son château de sa présence, et peu lui importe qu'une infortunée languisse dans un obscur réduit, où le doute cruel va la livrer au désespoir !

Tout à coup un bruit qu'elle crut ouïr à sa porte,

comme si quelqu'un cherchait à l'ouvrir doucement, lui fit éprouver un délicieux mélange de crainte et de joie; elle s'empressa de retirer elle-même le meuble qu'elle avait placé en travers; mais avant de l'ouvrir elle eut cependant la précaution de demander : — Est-ce vous, mon amour?

— Oui, ma comtesse, murmura une voix basse. Amy ouvrit la porte, et, s'écriant : — Leicester! elle jeta ses bras autour du cou de l'étranger qui restait sur le seuil, enveloppé de son manteau.

— Ce n'est pas tout-à-fait Leicester, répondit Michel Lambourne, car c'était lui-même; non pas tout-à-fait, ma jolie et tendre duchesse, mais c'est un homme qui le vaut bien.

Aussitôt, avec une force dont elle ne se serait jamais crue capable, Amy repoussa ce téméraire effronté, et, s'arrachant de ses bras, elle recula jusqu'au milieu de la chambre, où le désespoir lui donna le courage de s'arrêter.

Lambourne la suivit, et laissa tomber le manteau qui lui couvrait le visage. Alors Amy reconnut le valet de Varney, l'homme du monde, après son détestable maître, par qui elle craignait le plus d'être découverte. Mais comme elle portait encore son habit de voyage, et que Lambourne avait à peine été admis une fois en sa présence à Cumnor, elle espéra que sa figure ne lui serait pas aussi bien connue que celle de ce coquin l'était à elle-même, Jeannette le lui ayant souvent montré dans la cour en lui racontant des traits de sa scélératesse.

Elle aurait eu plus de confiance encore dans son déguisement, si elle s'était aperçue d'abord que Lambourne était complètement ivre; mais cette découverte ne l'aurait guère rassurée sur le risque qu'elle courait avec un tel personnage, à une pareille heure, et dans un tel lieu.

Lambourne ferma la porte en entrant, et croisant les bras comme pour imiter par dérision l'attitude qu'Amy avait prise, il continua en ces termes :

— Écoute-moi, belle Callipolis, aimable comtesse des torchons, divine duchesse des coins obscurs : si tu prends la peine de te trousser toi-même, comme une poule rôtie, pour me donner plus de plaisir à te découper, épargne-toi ce souci... Je préfère ta première manière... Oui, je la préfère...; elle était plus franche (il fit un pas en avant, et chancela); je la préfère..., et je n'aime pas plus l'autre que... que... ce maudit plancher, dont les inégalités mettent un homme dans le danger de se rompre le cou, s'il ne marche avec autant de précaution qu'un danseur sur la corde tendue.

— Arrête, dit la comtesse; ne m'approche pas si tu tiens à la vie !

— Des menaces! reprit Lambourne; comment donc, la belle; pouvez-vous trouver un meilleur compagnon que le brave Michel Lambourne? J'ai été en Amérique, la fille; l'or y pousse tout seul, et j'en ai rapporté un si gros lingot...

— Mon bon ami, dit la comtesse effrayée du ton d'assurance de ce scélérat; mon bon ami, je t'en prie, sors et laisse-moi.

— C'est ce que je ferai, ma petite, lorsque nous serons las l'un de l'autre...; mais pas plus tôt.

Alors il la saisit par le bras. Amy, incapable de résistance, ne se défendait que par ses cris.

— Ah! criez tant que vous voudrez, dit Lambourne

continuant à la tenir ; j'ai entendu les mugissemens de la mer dans ses momens de plus grand vacarme, et je me soucie d'une femme qui crie comme d'un chat qui miaule... Dieu me damne..., j'ai entendu cent femmes hurler à la fois quand nous prenions une ville d'assaut.

Cependant les cris de la comtesse attirèrent un défenseur inattendu. Lawrence Staples, ayant entendu ce bruit de la chambre au rez-de-chaussée où il était, arriva à propos pour empêcher qu'elle ne fût découverte, et peut-être même pour la sauver d'une violence plus atroce. Lawrence était ivre lui-même des suites de la débauche de la veille ; mais heureusement son ivresse avait pris un caractère différent de celle de Lambourne.

— Et quel est donc tout ce tapage dans ma prison ? dit-il ; quoi donc ! homme et femme dans la même loge ? c'est contre la règle ; par saint Pierre-ès-Liens, je veux qu'il y ait de la décence dans les domaines qui sont sous ma juridiction.

— Descends bien vite l'escalier, chien d'ivrogne, dit Lambourne ; ne vois-tu pas que la dame et moi nous voulons être seuls ?

— Bon et digne monsieur, s'écria la comtesse en s'adressant au geôlier, sauvez-moi de cet homme, sauvez-moi par pitié.

— Voilà qui est bien parlé, répondit le geôlier, et je veux prendre son parti ; j'aime mes prisonniers, et j'en ai sous ma clef d'aussi bons que ceux de *Newgate* ou du *Compter* (1). De sorte donc que cette femme étant un de mes agneaux, comme je dis, personne ne la troublera

---

(1) Prison de Londres. Le nom de *compters* se donnait surtout aux prisons de la cité. Il y a encore *Gilt-spur-compter*. — Éd.

dans son bercail. Ainsi, Michel, laisse aller cette femme, ou je t'assomme avec mes clefs.

— Je ferais plutôt un boudin de ton diaphragme, répondit Lambourne en portant la main gauche sur sa dague, mais sans cesser de tenir la comtesse de la droite; ainsi prends garde à toi, vieille autruche, qui n'as rien pour vivre que le fer de ton trousseau de clefs.

Lawrence arrêta le bras de Michel pour l'empêcher de tirer sa dague; pendant que celui-ci le repoussait la comtesse fit un effort, se dégagea de la main de Lambourne, et, s'élançant vers la porte, sortit de la chambre et descendit précipitamment l'escalier. A peine avait-elle fait quelques pas, qu'elle entendit tomber à la fois les deux combattans avec un bruit qui redoubla sa terreur. Le dernier guichet était resté ouvert, elle s'enfuit en frémissant, et gagna l'endroit qu'on appelait *la Plaisance*, qui lui parut le lieu le plus favorable pour éviter d'être poursuivie.

Pendant ce temps-là Lawrence et Lambourne roulaient sur le plancher en luttant l'un contre l'autre. Heureusement pour eux ils n'avaient point tiré leurs dagues; mais Lawrence trouva moyen de lancer ses lourdes clefs au visage de Michel, et celui-ci, pour se venger, serra si violemment la gorge du geôlier, que le sang lui sortit par la bouche et par le nez; telle était leur situation quand un autre officier de la maison, attiré par le bruit, entra dans la chambre, et parvint, non sans peine, à séparer les combattans.

— La peste vous étouffe tous les deux, et vous surtout, maître Lambourne, dit le charitable médiateur. Pourquoi diable êtes-vous là à vous battre comme deux chiens de boucherie dans une tuerie?

Lambourne se leva, et, un peu calmé par la médiation d'un tiers, il le regarda avec moins d'impudence qu'à l'ordinaire, en lui disant :

— Nous nous battions pour une fille, si tu veux le savoir.

— Une fille! où est-elle? reprit l'officier de la maison du comte.

— Elle aura disparu, je pense, dit Lambourne en regardant autour de lui; à moins que Lawrence ne l'ait avalée; sa sale bedaine engloutit autant de malheureuses demoiselles et d'orphelins opprimés que le gosier des géans dont parle l'histoire du roi Arthur. C'est là sa principale nourriture, il les dévore, corps, ame et biens!

— Oui, oui, ce n'est pas ce dont il s'agit, dit Lawrence en se relevant; j'ai eu sous la clef des gens qui valaient mieux que toi, entends-tu, maître Michel Lambourne, et avant que tout soit fini je t'aurai toi-même sous ma garde; ton impertinence ne sauvera pas toujours tes jambes de la chaîne, et ton cou du cordon de chanvre.

Il avait à peine prononcé ces mots, que Lambourne voulut de nouveau s'élancer sur lui.

— Allons, ne recommencez pas, dit le médiateur, ou j'appellerai celui qui vous mettra tous deux à la raison. Je parle de M. Varney, de sir Richard; je viens justement de le voir traverser la cour.

— Dis-tu vrai? demanda Lambourne en jurant, et il prit le bassin et l'aiguière qui étaient dans la chambre. Allons, ajouta-t-il, maudit élément, fais ton office. Je croyais pour toujours m'être débarrassé de toi en passant toute la nuit dernière à remplir le rôle d'Orion, flottant comme un bouchon de liège sur une barrique d'ale.

Il se mit à nettoyer son visage et ses mains, et répara le désordre de son habillement.

— Que lui as-tu donc fait? dit l'officier en prenant à part le geôlier; son visage est tout enflé.

— Ce n'est que l'empreinte de la clef de mon cabinet, et c'est encore trop d'honneur pour le visage de ce gibier de potence. Personne n'insultera mes prisonniers; ce sont mes bijoux, à moi, et je dois les enfermer dans une cassette sûre. Ainsi donc, madame, cessez de crier... Oh! oh! mais il y avait une femme ici.

— Je crois que vous êtes fous tous deux ce matin, dit l'officier; je n'ai point vu de femme, pas même d'homme, à parler juste, mais seulement deux animaux qui se roulaient sur ce plancher.

— Je suis perdu, s'écria Lawrence, la prison est forcée, voilà tout, la prison de Kenilworth est forcée, et c'était la plus forte depuis ce comté jusqu'au pays de Galles. Une maison dans laquelle des chevaliers, des comtes et des rois ont dormi aussi bien gardés que dans la Tour de Londres! Elle est forcée, les prisonniers ont pris la fuite, et le geôlier court risque d'être pendu.

En parlant ainsi, il se retira dans sa loge pour continuer ses lamentations, ou pour retrouver sa raison dans le sommeil.

Lambourne et l'officier le suivirent de près, et bien leur en prit; car le geôlier, par habitude, allait fermer le guichet sur eux; et, s'ils n'avaient été à portée de s'y opposer, ils se trouvaient pris dans la chambre d'où la comtesse venait de s'échapper.

Comme nous l'avons dit, la malheureuse Amy s'était

réfugiée dans *la Plaisance*. Elle avait aperçu cette partie des jardins de sa fenêtre, et elle pensa, en recouvrant sa liberté, qu'au milieu des bosquets, des berceaux, des fontaines, des statues et des grottes dont ce lieu était orné, elle pourrait trouver quelque refuge où elle se tiendrait cachée jusqu'à ce qu'il s'offrît à elle un protecteur qui voulût s'intéresser à sa triste situation sur ce qu'elle oserait lui en apprendre, et lui procurer les moyens de parler à Leicester.

— Si je pouvais voir mon guide, pensait-elle, je saurais s'il a remis ma lettre ; si même je pouvais rencontrer Tressilian, il vaudrait mieux m'exposer à la colère de Dudley en avouant ma situation à un homme rempli d'honneur, que de courir le risque d'être encore outragée par les insolens valets de ce fatal château. Je ne veux plus me hasarder dans une chambre fermée. J'attendrai...; j'aurai l'œil aux aguets...; parmi tant de personnes, il s'en trouvera quelqu'une bonne, compatissante, et sensible aux douleurs que je ressens.

En effet, Amy voyait passer devant ses yeux plusieurs groupes qui traversaient *la Plaisance ;* mais tous ces groupes étaient composés de quatre ou cinq personnes, et la comtesse les voyait rire et folâtrer dans tout le ravissement du plaisir.

La retraite qu'elle avait choisie lui offrait la facilité de se dérober aux regards : il ne s'agissait pour cela que de se retirer dans une grotte terminée par une fontaine, avec des bancs de mousse et d'autres décorations champêtres. Amy pouvait aisément s'y tenir cachée ou se découvrir au rêveur qui voudrait se reposer dans cet asile. Elle se regarda dans l'eau limpide du bassin que la fontaine silencieuse lui offrait comme un miroir ; elle fut choquée de sa propre image, et craignit, changée et déguisée comme elle l'était, qu'une femme (car c'était surtout d'une personne de son sexe qu'elle attendait de l'intérêt); elle craignit, dis-je, qu'une femme ne refusât d'écouter un être qui lui paraîtrait suspect.

Raisonnant ainsi elle-même comme une femme pour qui l'extérieur n'est jamais sans quelque importance, et comme une beauté ayant quelque confiance dans ses charmes, elle se dépouilla de son manteau de voyage et de son grand chapeau, qu'elle plaça près d'elle de manière à pouvoir les reprendre avant qu'on fût arrivé au fond de la grotte, si le hasard, amenant Varney ou Lambourne, lui rendait ce déguisement nécessaire.

Le costume qu'elle portait en dessous avait quelque ressemblance avec les habits de théâtre qui auraient pu convenir à une des comédiennes destinées à figurer dans la scène préparée pour la reine. Wayland avait trouvé les moyens de le lui procurer le second jour de leur voyage. La fontaine servit donc en même temps de miroir et d'aiguière à Amy, qui en profita pour faire à la hâte un peu de toilette : prenant ensuite à la main son petit écrin, en cas que ses bijoux devinssent pour elle des intercesseurs utiles, elle se retira dans le fond de la grotte, s'assit sur un banc de mousse, et attendit que le destin vînt à son secours et lui procurât une protection.

CHAPITRE XXXV.

> « Quand le milan dans son essor rapide
> » Fond tout à coup sur la perdrix timide,
> » Avez-vous vu la pauvrette frémir,
> » Ne sachant plus ni s'arrêter ni fuir ? »
>
> Prior.

Il arriva dans ce jour mémorable qu'une des chasseresses les plus matinales fut la princesse même pour qui tous ces plaisirs étaient destinés, la reine-vierge d'Angleterre. Je ne sais si ce fut par hasard, ou par un effet de la courtoisie que Leicester devait à une souveraine qui lui faisait tant d'honneur, mais à peine Élisabeth avait-elle fait un pas au-delà du seuil de la porte, que le comte parut devant elle, et lui proposa, en attendant que tous les préparatifs de la chasse fussent achevés, de visiter *la Plaisance* et les jardins du château.

Dans cette promenade, le comte offrit plus d'une fois

à sa souveraine l'appui de son bras quand des escaliers, l'ornement favori d'un jardin à cette époque, les conduisaient de terrasse en terrasse et de parterre en parterre. Les dames de la princesse, en personnes respectueuses et discrètes, agissant comme elles eussent voulu qu'on en agît avec elles, ne crurent pas qu'il fût de leur devoir de suivre leur maîtresse de trop près ; elles se contentaient de ne pas la perdre de vue, la laissant libre de s'entretenir en particulier avec un seigneur qui n'était pas seulement son hôte, mais qu'elle honorait d'une place plus distinguée dans son estime, dans sa confiance et dans ses bonnes graces, qu'aucun de ses autres serviteurs. Elles admiraient les graces de ce couple illustre, qui portait des habits de chasse presque aussi splendides que le costume de cour de la veille.

Celui d'Élisabeth, d'une étoffe de soie bleue avec des galons d'argent et des aiguillettes, rappelait le vêtement des anciennes amazones ; il faisait ressortir sa taille élégante et la dignité de son maintien, que l'habitude du commandement et sa fierté avaient en quelque sorte rendu trop mâle pour qu'il parût avec tous ses avantages sous les vêtemens ordinaires de son sexe.

Leicester était revêtu d'un habit de drap vert de Lincoln, richement brodé en or, et ceint d'un baudrier éclatant auquel étaient suspendus un cor, et un couteau de chasse au lieu d'épée. Ce costume parait Leicester, comme tous ceux qu'il portait à la cour et dans les cérémonies militaires ; car telle était l'élégance de sa taille et de tout son extérieur que, quelque vêtement qu'il portât, il semblait toujours avoir adopté celui qui lui était le plus avantageux.

La conversation d'Élisabeth avec son favori ne nous

est pas parvenue en entier ; mais les yeux et les oreilles des personnes qui vivent à la cour ont reçu de la nature une perfection rare, et celles qui les suivaient prétendirent que, dans aucune occasion, Élisabeth ne parut adoucir plus volontiers sa dignité pour prendre une expression de tendresse et d'indécision. Son pas s'était non-seulement ralenti, mais il était inégal, et elle semblait oublier cette fierté qu'on remarquait ordinairement dans sa démarche. Elle tenait les yeux baissés, et paraissait témoigner une intention timide de s'éloigner du comte, mouvement purement machinal, qui indique souvent dans les femmes un sentiment contraire à celui qu'elles manifestent. La duchesse de Rutland, qui osa s'approcher le plus près de la reine, prétendit qu'elle avait distingué une larme dans l'œil d'Élisabeth, et une rougeur soudaine sur ses joues. Bien plus, ajoutait la duchesse, Sa Majesté détourna les yeux pour éviter les miens, elle dont le regard ordinaire serait capable d'intimider un lion. On devine assez quelle conséquence on tira de ces apparences, et peut-être ce qu'on en conclut n'était pas absolument mal fondé.

Un entretien secret entre deux personnes d'un sexe différent décide souvent de leur destinée, et les mène plus loin qu'elles ne le prévoient elles-mêmes. La galanterie se mêle à la conversation ; l'amour, peu à peu, se joint à la galanterie ; les grands, comme les bergers, en disent plus qu'ils ne l'auraient voulu ; et, dans ces momens critiques, les reines, comme les simples villageoises, écoutent plus long-temps qu'elles ne le devraient.

Cependant les chevaux hennissaient dans la cour, et rongeaient leur mors avec impatience ; les limiers accouplés aboyaient; les piqueurs et les gardes du bois se plaignaient qu'on laissât passer la rosée, ce qui ferait disparaître les traces du cerf. Mais Leicester avait une autre chasse en tête, ou, pour lui rendre plus de justice, il s'y était trouvé engagé sans préméditation, comme l'ardent chasseur suit une meute que le hasard lui fait rencontrer. La reine, femme belle et aimable, l'orgueil de l'Angleterre, l'espoir de la France et de la Hollande, et la terreur de l'Espagne, avait probablement écouté avec une complaisance plus marquée les expressions de cette galanterie romanesque qu'elle avait toujours aimée; et le comte, soit par vanité, soit par ambition, ou par ces deux sentimens réunis, s'était montré de plus en plus galant, jusqu'à risquer dans son pressant entretien le langage de l'amour.

— Non, Dudley, lui disait Élisabeth d'une voix entrecoupée; non, je dois rester la mère de mon peuple. Les liens qui font le bonheur d'une jeune fille dans tout autre rang nous sont refusés sur le trône... Non, Leicester, cessez de me presser;... si j'étais, comme les autres femmes, libre de chercher mon bonheur,... alors, je l'avoue, mais cela ne se peut,... non, cela ne se peut... Retardez la chasse,... retardez-la d'une demi-heure;... laissez-moi, milord.

— Vous quitter, madame! ma témérité vous aurait-elle offensée?

— Non, Leicester, non; mais c'est une folie; je ne veux plus en entendre parler. Allez,... mais ne vous éloignez pas trop, et veillez à ce que personne ne vienne m'interrompre. Je veux être seule.

Pendant qu'elle prononçait ces paroles, Dudley fit un salut profond, et se retira d'un air triste et abattu. La reine s'arrêta pour le regarder, pendant qu'il s'éloignait, et se dit à elle-même : — S'il était possible..., s'il était seulement possible... ; mais non..., non : ... Élisabeth ne doit être l'épouse et la mère que du royaume d'Angleterre.

En murmurant ces mots, et pour éviter quelqu'un qu'elle entendit approcher, Élisabeth se glissa dans la grotte où se tenait cachée sa malheureuse rivale.

La reine, quoique émue par l'entretien qu'elle venait d'interrompre, avait un de ces caractères fermes et décidés qui reprennent bientôt leur naturel. On pouvait comparer son cœur à un de ces anciens monumens des Druides, mobiles sur leur point d'appui, que le doigt d'un enfant peut bien ébranler, mais dont toute la force d'Hercule ne saurait détruire l'équilibre. C'est ainsi que le cœur de la reine, agité un moment par l'amour, ne tarda pas à redevenir maître de lui-même.

Elle s'avançait à pas lents : à peine était-elle arrivée au milieu de la grotte que déjà son regard avait recouvré sa dignité, et son maintien son air d'autorité.

Ce fut dans ce moment qu'elle aperçut une femme placée auprès d'une colonne d'albâtre, au pied de laquelle coulait une fontaine limpide, éclairée par un demi-jour.

La mémoire classique d'Élisabeth lui rappela l'histoire d'Égérie et de Numa ; elle crut qu'un sculpteur italien avait voulu représenter dans ce lieu la nymphe dont les inspirations donnèrent des lois à Rome ; mais, en avançant, elle commença à douter si c'était une statue qu'elle voyait, ou une femme véritable.

La malheureuse Amy restait immobile, partagée entre le désir de confier sa situation à une personne de son sexe et la confusion qu'elle éprouvait à l'aspect de la personne imposante qui l'approchait ; quoique ses yeux n'eussent jamais vu la reine, elle soupçonna cependant que c'était elle-même.

Quittant le banc couvert de mousse sur lequel elle était assise, elle s'était levée dans le dessein de s'avancer pour parler à l'étrangère ; mais elle se souvint que Leicester avait souvent paru alarmé que la reine ne vînt à apprendre leur union ; elle demeura un pied en avant, immobile et pâle comme le pilier d'albâtre contre lequel elle s'appuyait. Sa robe, d'un vert d'eau, ressemblait, dans l'obscurité, à la draperie d'une nymphe grecque, Wayland ayant regardé ce déguisement comme le plus sûr, dans un endroit où il se trouvait tant de masques et de jongleurs ; de sorte que toutes ces circonstances, et surtout l'œil fixe et les joues décolorées de l'être qui se présentait aux yeux de la reine, justifiaient assez le doute qu'elle avait conçu.

Élisabeth s'était arrêtée à quelques pas, et fixait ses regards pénétrans sur la naïade prétendue. L'étonnement, qui avait causé l'immobilité d'Amy, fit place au respect. Elle baissa les yeux en silence, ne pouvant soutenir le regard imposant de sa souveraine.

Le costume dont elle était revêtue et la cassette qu'elle tenait à la main firent croire à Élisabeth que cette beauté silencieuse était chargée de jouer un rôle dans une des allégories qu'on représentait dans les différentes parties du parc ; et qu'au lieu de lui offrir son hommage, la pauvre enfant, saisie d'une crainte respectueuse, oubliait son rôle, ou n'avait pas le courage de le réciter. La reine voulut l'encourager, et lui dit d'un ton affectueux :

— Pourquoi donc, belle nymphe de cette grotte, vous laissez-vous subjuguer par la puissance de cette enchanteresse que les hommes appellent la *crainte?*... Nous en sommes l'ennemie jurée, et nous voulons détruire ce charme : parlez, nous vous l'ordonnons.

Au lieu de répondre, la comtesse se jeta aux genoux de la reine, laissa tomber sa cassette en joignant les mains, et leva vers Élisabeth des yeux où se peignaient d'une manière si touchante la crainte et la prière que la reine en fut vivement émue.

— Que signifie cela? dit-elle. Vous paraissez plus troublée que ne l'exige un manque de mémoire : levez-vous, demoiselle; que désirez-vous de nous?

— Votre protection, madame, répondit la suppliante en hésitant.

— Il n'est point de fille en Angleterre qui n'y ait droit quand elle la mérite, répondit la reine; mais votre malheur semble avoir une cause plus sérieuse que l'oubli d'un rôle à débiter. Pourquoi me demandez-vous ma protection? qu'avez-vous à craindre?

Amy chercha ce qu'il fallait répondre pour échapper aux dangers qui l'environnaient sans compromettre son époux; et, passant d'une idée à l'autre au milieu de la confusion qui troublait son esprit, elle ne répondit aux demandes réitérées de la reine qu'en laissant échapper ces mots : — Hélas! je n'en sais rien.

— Cette jeune fille est folle, dit la reine impatientée; car le trouble évident de la jeune comtesse irritait sa curiosité, et excitait son intérêt. Avouez-moi vos peines, je puis les guérir. Répondez, et sachez que je ne suis point accoutumée à répéter une question.

— Je demande,... j'implore,... dit la malheureuse

Amy en bégayant ; j'implore votre protection contre... contre Varney : puis elle se tut, comme si elle avait prononcé le mot fatal. La reine reprit aussitôt :

— Quoi ! Varney ! sir Richard Varney ! le serviteur de lord Leicester : qu'y a-t-il de commun entre vous et lui ?

— J'étais... j'étais sa prisonnière ; il a attenté à ma vie. J'ai pris la fuite pour... pour...

— Pour venir sans doute vous mettre sous ma protection ? dit Élisabeth : vous l'obtiendrez, du moins si vous en êtes digne. Je veux connaître cette affaire à fond. Je le devine, ajouta-t-elle en jetant sur la comtesse un regard qui semblait devoir percer jusque dans les plus secrets replis de son ame, vous êtes Amy, fille de sir Hugh Robsart, de Lidcote-Hall.

— Pardon ; ah ! pardon, généreuse princesse, s'écria Amy en se jetant de nouveau aux genoux de la reine.

— Et que dois-je te pardonner, fille insensée ? dit Élisabeth ; est-ce d'être la fille de ton père ? Ta raison est égarée, rien n'est plus certain. Apprends-moi tout ce qui s'est passé. Tu as trompé ton vieux et respectable père ; ta confusion en fait foi. Tu t'es jouée de Tressilian, ta rougeur le prouve ; et tu as épousé ce Varney.

Amy se releva à ces mots, et interrompant la reine : — Non, madame, non. J'en atteste le Dieu qui m'entend. Je ne suis point cette fille déshonorée dont vous parlez ; je ne suis pas la femme d'un vil esclave, du plus abominable des hommes ; je ne suis pas la femme de Varney ! J'aimerais mieux être la fiancée de la mort.

La reine, confondue par cette véhémence, resta muette un instant. — Que Dieu m'accorde la patience, jeune fille ! dit-elle ensuite : je vois que vous pouvez parler avec assez de vivacité sur un sujet qui vous touche. Mais, dites-moi, ajouta-t-elle avec un ton d'autorité, car un sentiment vague de jalousie, que ces paroles avaient fait naître, excitait plus fortement sa curiosité ; dites-moi donc quel est votre époux,... votre amant. Il faut que je le sache, et n'oubliez point qu'il vaudrait mieux vous jouer d'une lionne que d'Élisabeth.

Entraînée comme par une fatalité irrésistible qui la poussait vers un précipice inévitable, et le ton impérieux, et le geste menaçant de la reine offensée ne lui accordant aucun répit, Amy dit enfin avec l'accent du désespoir : — Le comte de Leicester sait tout.

—Le comte de Leicester!... s'écria Élisabeth; le comte de Leicester! répéta-t-elle avec une indignation fortement prononcée. Femme, tu as été payée pour jouer ce rôle; tu calomnies Leicester: il ne s'abaisse point à de pareilles créatures. Oui, l'on t'a payée pour diffamer ce noble seigneur, le plus franc gentilhomme de toute l'Angleterre. Mais, fût-il notre main droite, fût-il quelque chose de plus encore, tu seras entendue librement et en sa présence. Suis-moi, suis-moi à l'instant même.

Amy recula, saisie d'effroi; la reine, furieuse, qui prit ce mouvement pour un aveu de son crime, s'avança vers elle, la saisit par le bras, et, sortant de la grotte à pas précipités, elle traversa rapidement la grande allée de *la Plaisance*, traînant avec elle la comtesse épouvantée, qu'elle tenait encore par le bras, et qui pouvait à peine suivre la reine indignée.

Leicester était en ce moment au milieu d'un groupe brillant de seigneurs et de dames réunis sous un élégant portique situé au bout de l'allée. La compagnie rassemblée en ce lieu y attendait les ordres de Sa Majesté pour la chasse, et l'on peut se figurer leur étonnement quand, au lieu de voir Élisabeth venir à eux avec sa dignité accoutumée, ils la virent s'avancer si rapidement, qu'à peine aperçue elle était déjà au milieu d'eux. Ils observèrent alors avec effroi que tous ses traits exprimaient la colère et l'agitation, que sa chevelure tombait en désordre, et que ses yeux étincelaient comme dans ces momens où l'ame de Henry VIII inspirait sa fille. Ils ne furent pas moins étonnés de voir une femme pâle, exténuée, belle encore, quoique mourante, que la reine traînait avec force d'une main, tandis qu'elle écartait de l'autre les dames et les seigneurs qui se pressaient autour d'elle. — Où est le lord Leicester? demanda-t-elle d'un ton qui glaça d'effroi tous les courtisans qui l'environnaient. Avancez, milord.

Si, dans un beau jour d'été, lorsque tout est calme et serein dans la campagne, la foudre, échappée d'un ciel sans nuages, venait tomber aux pieds du voyageur et ouvrir la terre sous ses pieds, son œil ne regarderait pas ce phénomène avec un étonnement plus grand que celui qu'éprouva Leicester à ce spectacle inattendu. Il était alors à recevoir et à désavouer, avec une modestie affectée, les félicitations indirectes des courtisans sur la faveur de la reine, qu'ils supposaient avoir été portée à son plus haut degré pendant l'entretien de ce matin. Aussi la plupart le regardaient-ils déjà comme s'il devait cesser d'être leur égal pour devenir leur maître. Ce fut au moment où le sourire orgueilleux et mal déguisé avec lequel il repoussait ces félicitations brillait encore sur ses lèvres que la reine, enflammée de colère, s'avança au milieu du cercle, soutenant d'une main la comtesse à demi morte; de l'autre elle la montrait à son époux interdit, et, d'une voix qui retentit encore à son oreille comme la trompette fatale qui doit appeler les vivans et les morts au dernier jugement, elle lui demanda : —Connaissez-vous cette femme? De même qu'à ce signal terrible le coupable suppliera les montagnes de se renverser sur sa tête, les pensées secrètes de Leicester conjuraient le superbe portique qu'il avait bâti dans son orgueil de s'écrouler et de l'ensevelir sous ses ruines. Mais la pierre fut sourde à ses vœux, et ce fut le fondateur lui-même qui, comme frappé par une puissance secrète, se précipita aux genoux d'Élisabeth, et prosterna son front sur le pavé de marbre que la reine foulait aux pieds.

— Leicester, dit Élisabeth d'une voix tremblante de colère, aurais-je pu penser que tu me trompais... Moi, ta souveraine,... moi ton amie,... trop confiante en tes paroles. Ta confusion me dévoile ta bassesse et ton ingratitude. Tremble, homme faux et perfide; je te déclare, par tout ce qu'il y a de plus saint, que ta tête est plus en péril que ne le fut jamais celle de ton père.

Leicester manquait de cette force que donne l'innocence; mais sa fierté soutint son courage. Il releva son front, où se peignaient mille émotions contraires, et répondit à la reine :

— Ma tête ne peut tomber que par le jugement de mes pairs... C'est devant eux que je me défendrai, et non devant une princesse qui récompense ainsi mes fidèles services.

— Quoi! milords! s'écria Élisabeth en jetant un regard autour d'elle; on ose braver ma puissance!... On m'outrage dans ce même château que j'ai donné à cet orgueilleux!... Lord Shrewsbury, vous êtes maréchal d'Angleterre, arrêtez-le comme coupable de haute trahison.

— De qui parle Votre Majesté? demanda avec surprise Shrewsbury, qui ne faisait que d'arriver.

— De qui je parle! et de qui parlerais-je, si ce n'est de ce traître de Dudley, comte de Leicester? Cousin Hunsdon, allez rassembler nos gentilshommes pensionnaires, et qu'on le saisisse sans délai!... Allez, je veux être obéie.

Hunsdon, vieillard brusque, et qui devait à son alliance avec la maison de Boleyn le privilège de parler librement à la reine, répondit avec une franchise hardie : — Oui, madame, et demain Votre Majesté m'enverra à la Tour de Londres pour m'être trop pressé! Je vous conjure d'avoir un peu de patience.

— De la patience! de par la vie de Dieu! s'écria la reine. Qu'on ne répète pas ce mot devant moi!... Vous ignorez le crime dont il est coupable!

Amy, qui pendant ce temps avait un peu repris ses sens, et qui vit son époux exposé à la fureur d'une reine offensée, oubliant aussitôt (combien de femmes en ont fait autant!) et ses injures et ses propres périls, se jeta, saisie de terreur, aux pieds de la reine, et embrassa ses genoux en s'écriant : Il est innocent... Madame il est innocent! Personne ne peut rien imputer au noble Leicester.

— Eh quoi! répondit la reine, ne m'avez-vous pas dit que le comte de Leicester connaissait toute votre histoire?

— Moi, madame, l'ai-je dit? répondit la malheureuse Amy, oubliant toute considération de convenance ou d'intérêt : oh! si je l'ai dit, j'ai calomnié ce noble seigneur! Grand Dieu, soyez mon juge, et voyez si j'ai jamais cru que Leicester ait eu part, même de pensée, à rien de ce qui pourrait me nuire.

—Femme, dit Élisabeth, je saurai les motifs qui t'ont fait agir, ou ma colère... La colère des rois est un feu dévorant... Elle te dessèchera, et te consumera comme la ronce dans une fournaise.

Au moment où la reine proféra cette menace, le cœur généreux de Leicester s'indigna; il vit à quel degré d'avilissement il se condamnait pour jamais si, défendu par le dévouement héroïque de la comtesse, il l'abandonnait au ressentiment de la reine. Déjà il relevait la tête avec toute la dignité d'un homme d'honneur; il allait avouer son mariage, et se proclamer hautement le protecteur d'Amy, lorsque Varney, qui était comme destiné à être le mauvais génie de son maître, se précipita vers la reine avec l'air hagard et ses habits en désordre.

— Que veut cet homme? demanda Élisabeth.

Varney, comme accablé de honte et de douleur, tomba à ses pieds en s'écriant : — Pardon, ma souveraine, pardon!... Ou du moins que le bras de votre justice s'appesantisse sur moi, c'est moi qui suis coupable; mais épargnez mon noble, mon généreux maître; il est innocent!

Amy, encore à genoux, se releva aussitôt en voyant à son côté l'homme qui lui était si odieux. Elle allait se réfugier auprès de Leicester, mais elle fut encore arrêtée par l'embarras et la timidité qu'avait fait renaître dans ses regards l'apparition soudaine de son confident, qui semblait devoir ouvrir une nouvelle scène. Elle recula, et, poussant un faible cri, elle supplia Sa Majesté de l'enfermer dans la plus étroite prison du château... — Traitez-moi comme la dernière des criminelles, mais éloignez-moi de celui qui est capable d'anéantir le peu de raison qui me reste. Éloignez-moi du plus abominable des hommes !

— Comment ma fille! dit la reine, passant à une nouvelle idée; que vous a donc fait ce chevalier pour le traiter ainsi? que lui reprochez-vous?

— Tous mes chagrins, madame, toutes mes injures, et plus encore... Il a semé la dissension où devait régner la paix. Je deviendrais folle si j'étais forcée de le regarder plus long-temps.

— Je crois que vous avez déjà la raison égarée, répondit la reine. Lord Hunsdon, veillez sur cette jeune infortunée, qu'on la mette ensuite dans un asile honnête et sûr, jusqu'à ce que nous ordonnions de la faire paraître devant nous.

Deux ou trois dames de la suite d'Élisabeth, soit qu'elles fussent émues de compassion pour une créature si intéressante, soit par tout autre motif, s'offrirent de veiller sur elle; mais la reine leur répondit en peu de mots : — Non, mesdames, je vous remercie. Vous avez toutes, Dieu merci, l'oreille fine et la langue déliée... Notre cousin Hunsdon a l'oreille des plus dures, et la langue quelquefois un peu libre, mais du moins il est discret. Hunsdon, veillez à ce que personne ne lui parle.

— Par notre Dame, dit Hunsdon en prenant dans ses bras vigoureux Amy défaillante, c'est une aimable enfant; et, quoique la nourrice que lui donne Votre Majesté soit un peu rude, cependant elle n'aura pas à s'en plaindre, et elle est en sûreté avec moi comme si elle était une de mes filles.

En disant ces mots, il emmena la comtesse sans qu'elle fît aucune résistance, sans qu'elle parût avoir même le sentiment de ce qui se passait. La longue barbe blanche du guerrier se mêlait aux tresses noires d'Amy, qui penchait sa tête sur ses larges épaules. La reine les suivit quelque temps des yeux. Déjà, grace à cet empire sur soi-même, qualité si nécessaire à un souverain, elle avait banni de ses traits toute apparence d'agitation, et semblait vouloir faire perdre le souvenir de son emportement à ceux qui en avaient été les témoins. — Lord Hunsdon a raison, dit-elle, c'est une nourrice bien rude pour une si tendre enfant.

— Lord Hunsdon, dit le doyen de Saint-Asaph, — et je ne veux pas pour cela rabaisser ses nobles qualités, — a le verbe très-libre; il entremêle trop souvent ses paroles de ces juremens superstitieux qui sentent à la fois le païen et le papiste.

— C'est la faute de son sang, monsieur le doyen, dit la reine en se tournant brusquement vers le révérend dignitaire; il faudrait aussi me faire les mêmes reproches; les Boleyn furent toujours vifs et francs, plus jaloux de dire leur pensée que soigneux de choisir leurs expressions; et sur ma parole, — j'espère que cette affirmation n'est pas un péché, — je doute que leur sang se soit refroidi beaucoup en se mêlant à celui des Tudor.

Un sourire gracieux accompagna ces derniers mots de la reine; ses yeux se promenèrent presque insensiblement autour d'elle pour chercher ceux du comte de Leicester, qu'elle craignait d'avoir traité trop sévèrement sur un injuste soupçon.

Le regard de la reine ne trouva pas le comte très-disposé à accepter ces offres muettes de réconciliation. Ses yeux avaient suivi, avec l'expression du repentir, cette infortunée, que Hunsdon venait d'emmener; et maintenant il tenait son front tristement baissé vers la terre. Élisabeth crut voir dans la figure du comte la fierté d'un homme injustement accusé bien plus que la honte d'un coupable. Elle détourna ses yeux avec dépit, et s'adressant à Varney : — Parlez, sir Richard; expliquez-nous ces énigmes; vous avez votre bon sens et l'usage de la parole, que nous cherchons vainement ailleurs.

Ces mots furent suivis d'un nouveau regard jeté sur Leicester; et l'astucieux Varney se hâta de raconter son histoire.

— L'œil perçant de Votre Majesté, dit-il, a déjà découvert la cruelle maladie de ma pauvre femme, maladie que, dans ma douleur, je n'avais pas voulu qu'on spécifiât dans le certificat du médecin, m'efforçant ainsi de cacher, le plus qu'il m'était possible, le malheur qui vient d'éclater avec tant de scandale.

— Elle a donc perdu la raison? dit la reine; nous n'en doutions pas : à la vérité,... tout en elle l'indique assez... Je l'ai trouvée rêvant dans cette grotte... A chaque mot qu'elle prononçait, et que je lui arrachais comme par la torture, elle se contredisait... Mais comment s'est-elle trouvée ici? Pourquoi ne l'avez-vous pas renfermée dans un lieu sûr?

— Madame, dit Varney, la digne personne à qui je l'avais confiée, M. Anthony Foster, vient d'arriver ici pour m'annoncer son évasion, qu'elle avait ménagée avec l'adresse particulière aux gens affligés de cette maladie: nous pouvons le consulter lui-même.

— Ce sera pour un autre moment, dit la reine; mais, sir Richard, il me semble que votre bonheur domestique n'excitera l'envie de personne : votre dame profère contre vous les accusations les plus amères, et j'ai cru qu'elle allait s'évanouir lorsqu'elle vous a vu.

— C'est un des caractères de la cruelle maladie qui l'afflige, répondit Varney, d'inspirer l'horreur pour ceux qu'on chérit le plus dans les momens lucides.

— C'est ce que nous avons entendu dire, répondit Élisabeth ; et nous sommes assez portée à le croire.

— Je supplierai Votre Majesté, dit Varney, de vouloir bien ordonner que ma malheureuse épouse soit mise sous la protection de ses amis.

Leicester tressaillit, mais faisant un effort sur lui-même, il dompta son émotion tandis qu'Élisabeth répondit sèchement : — C'est se presser un peu trop, M. Varney; nous voulons que Masters, notre médecin, nous fasse d'abord un rapport sur la santé et l'état moral de cette dame, pour ordonner ensuite ce que nous croirons convenable. Vous pouvez la voir cependant, s'il y a quelque contestation entre elle et vous, ce qui peut arriver, dit-on, aux époux les plus tendres; mais rétablissez la concorde conjugale sans donner de scandale à notre cour, et sans nous importuner nous-même.

Varney s'inclina profondément sans lui répondre.

Élisabeth regarda de nouveau Leicester, et ajouta avec une complaisance qui semblait naître du plus vif intérêt : — La discorde, comme le dit le poète italien, sait pénétrer dans les paisibles couvens aussi bien que dans l'intérieur d'une famille, et nous craignons que nos gardes et nos serviteurs ne puissent pas l'empêcher de s'insinuer dans notre cour. Vous paraissez offensé, lord Leicester, nous le sommes aussi ; mais nous voulons prendre le rôle du lion, et donner l'exemple du pardon.

Leicester s'efforça de rendre son front serein, mais la douleur y était trop profondément gravée pour que le calme y reparût si promptement; il répondit cependant qu'il serait privé du plaisir de pardonner, car celle à qui ce pardon s'adresserait ne pouvait jamais avoir de torts envers lui.

Élisabeth parut satisfaite de cette réponse, et témoigna le désir de voir commencer les fêtes de la matinée : aussitôt les cors retentirent, les meutes firent entendre leurs aboiemens, les chevaux piaffèrent; mais les gentilshommes, et les dames de la cour apportaient aux fêtes et aux amusemens des dispositions bien différentes de celles que leur avait inspirées le son de la *réveillée*. On lisait la crainte, le doute, l'attente, sur tous les fronts, et l'on chuchotait avec un air de mystère.

Blount saisit l'occasion de dire à l'oreille de Raleigh :
— Cette tempête est venue comme un coup de vent dans la Méditerranée...

— *Varium et mutabile* (1), répondit Raleigh du même ton.

— Oh! je n'entends pas votre latin, dit Blount; mais je remercie le ciel de n'avoir pas permis que Tressilian se mît en mer par un tel ouragan. Il aurait infailliblement fait naufrage, car il ne sait guère prêter sa voile à un vent de cour.

— Tu le lui aurais appris, reprit Raleigh...

— Pourquoi pas? répondit l'honnête Blount; j'ai mis le temps à profit tout aussi bien que toi-même; je suis chevalier comme toi, et même de date antérieure.

(1) Changeante et mobile; définition de la femme empruntée à Virgile. — Éd.

— Maintenant, que le ciel te donne un peu d'esprit! dit Raleigh, mais, pour Tressilian, Dieu sait si je comprends rien à ce qu'il fait. Il m'a dit ce matin qu'il ne voulait pas quitter sa chambre d'ici à douze heures ou environ, et qu'il s'y était engagé par une promesse. Je crains bien que lorsqu'il apprendra la folie de cette dame, cette nouvelle ne contribue pas à accélérer sa guérison. La lune est aujourd'hui dans son plein, et le cerveau des hommes est soumis à son influence, comme le levain. Mais, chut! le cor sonne le boute-selle; vite, montons à cheval : nouveaux chevaliers, nous devons aujourd'hui gagner nos éperons.

CHAPITRE XXXVI.

« Première des vertus, auguste vérité,
» Fais briller en tous lieux ta céleste clarté :
« Que tout mortel te rende un pur et juste hommage,
« Et brave de l'enfer la menace et la rage. »
Home. *Douglas.*

Ce ne fut qu'après une longue et heureuse chasse et le repas prolongé qui suivit le retour de la reine au château que Leicester put enfin se trouver seul avec Varney. Ce dernier lui apprit toutes les particularités de l'évasion d'Amy, telles que les lui avait racontées Foster, qui, dans sa frayeur, était venu lui-même en apporter la nouvelle à Kenilworth. Comme, dans son récit, Varney avait eu grand soin de taire les manœuvres pratiquées contre la santé de la comtesse, et qui l'avaient forcée à prendre la fuite, Leicester ne put lui supposer d'autre motif que celui de satisfaire son impatience jalouse de prendre le rang de son épouse. Dans cette idée, il fut offensé de la légèreté avec laquelle Amy désobéissait à ses ordres exprès, et l'exposait au ressentiment d'Élisabeth.

— J'ai donné, dit-il, à cette fille d'un obscur gentilhomme du Desvonshire le plus beau nom de toute l'Angleterre; je lui ai fait partager ma fortune et mon lit. Je ne lui demandais qu'un instant de patience avant de proclamer son triomphe sur mille rivales, et cette femme orgueilleuse préfère risquer de se perdre avec moi, me précipiter au fond d'un abîme, ou me forcer à des expédiens qui m'avilissent à mes propres yeux, plutôt que de rester quelque temps encore dans l'obscurité où elle vit depuis sa naissance. Elle qui fut toujours si aimable, si délicate, si douce, si fidèle, se laisser emporter dans une circonstance où l'on aurait droit d'attendre de la modération de la femme la plus folle !... c'est se jouer de ma patience !

— Si milady veut se laisser conduire et jouer le rôle que les circonstances commandent, nous pouvons encore sortir d'embarras, dit Varney.

— Sans doute, Richard, répondit Leicester ; il n'y a pas d'autre remède, j'ai entendu la reine l'appeler ta femme, personne ne l'a détrompée. Il faut qu'elle porte ce nom jusqu'à ce qu'elle soit loin de Kenilworth.

— Et même long-temps après, je pense, dit Varney, car je ne crois pas qu'elle puisse de long-temps prendre le titre de comtesse de Leicester. Si elle le portait du vivant de la reine, je craindrais pour elle et pour vous. Mais Votre Seigneurie est le meilleur juge en cette affaire. Vous seul savez ce qui s'est passé entre la reine et vous.

— Tu as raison, Varney, dit Leicester; je me suis conduit ce matin comme un fou, comme un misérable; et quand la reine apprendra ce malheureux mariage, elle ne pourra s'empêcher de voir dans ma conduite un mépris prémédité qu'une femme ne pardonne jamais. Nous avons été aujourd'hui sur le point d'éprouver sa vengeance; je crains que ce moment ne soit que différé.

— Son ressentiment est donc implacable? dit Varney.

— Loin de là, répondit le comte; car, malgré la supériorité de son rang, elle a eu aujourd'hui même assez de condescendance pour m'offrir l'occasion de réparer une faute qu'elle n'attribuait qu'à un caractère trop impétueux.

— Ah! répondit Varney, les Italiens ont raison: dans les querelles d'amour, disent-ils, celui qui aime le mieux est toujours prêt à s'avouer le plus coupable. Ainsi, milord, si nous parvenons à cacher votre mariage, votre position est toujours la même auprès d'Élisabeth.

Leicester soupira, se tut un moment, puis il répondit:

— Varney, je te crois sincère, et je te dirai tout. Non, ma position n'est plus la même; emporté par je ne sais quelle folle impulsion, j'ai parlé à Élisabeth, je l'ai entretenue d'un sujet qu'on ne peut abandonner sans blesser au vif l'amour-propre des femmes; et cependant je n'ose plus revenir à cette conversation. Jamais, non jamais elle ne me pardonnera d'avoir été la cause et le témoin de sa faiblesse.

— Cependant il faut prendre un parti, milord, dit Varney, et le prendre promptement.

— Il n'y a rien à faire, répondit Leicester avec l'accent du découragement; je suis comme un homme qui, gravissant une montagne entourée de précipices, se voit tout à coup arrêté à quelques pas du sommet, alors que le retour est impraticable. J'en touche presque le faîte, et je ne puis l'atteindre: sous mes pieds s'ouvre un abîme qui va m'engloutir au moment où mes bras lassés et ma tête étourdie se réuniront pour m'arracher à ma situation précaire.

— Jugez mieux de votre position, milord; examinons l'expédient que vous venez d'adopter. Si nous tenons votre mariage secret pour Élisabeth, rien n'est désespéré. Je vais dans l'instant trouver la comtesse. Elle me hait, parce que j'ai toujours manifesté auprès de Votre Seigneurie, comme elle le soupçonne bien, une vive opposition à ce qu'elle appelle ses droits. Mais il ne s'agit pas de prévention ni de haine dans ce moment, il faudra qu'elle m'écoute; et je lui prouverai si bien la nécessité de se soumettre aux circonstances, que je ne doute pas de l'amener bientôt à toutes les mesures que votre intérêt exigera.

— Non, Varney, j'ai réfléchi à ce qu'il fallait faire, et je parlerai moi-même à Amy.

A ces mots Varney ressentit pour lui-même toute la terreur qu'il avait feint d'éprouver pour son maître. — Votre Seigneurie ne parlera pas elle-même à la comtesse, dit-il.

— C'est une résolution arrêtée. Prête-moi un manteau de livrée, je passerai devant la sentinelle, comme ton valet, puisque tu as la permission d'aller la voir.

— Mais, milord...

— Je n'aime pas les *mais*, Varney; je ferai ce que j'ai résolu. Hunsdon doit être couché dans la tour de Saint-

Lowe; nous irons d'ici par le passage secret, sans courir le risque de rencontrer personne; ou, supposé que nous rencontrions Hunsdon lui-même, je sais qu'il est plutôt mon ami que mon ennemi, et il a l'esprit assez lourd pour croire tout ce que je voudrai bien lui dire. Allons, apporte-moi les habits sans différer.

Varney n'avait d'autre parti à prendre que celui d'obéir. En deux minutes Leicester eut endossé le manteau de laquais; il enfonça sa toque sur ses yeux, et suivit Varney le long du passage secret qui conduisait aux appartemens d'Hunsdon; on ne risquait guère de trouver là des curieux importuns, et d'ailleurs il y avait à peine assez de jour pour distinguer les objets. Ils arrivèrent à une porte où lord Hunsdon, fidèle aux précautions militaires, avait placé une sentinelle. C'était un montagnard, qui ne fit aucune difficulté de laisser entrer Varney, et qui se contenta de lui dire dans son langage : — Puisses-tu faire taire cette folle; ses gémissemens m'ont tellement rompu la tête que j'aimerais mieux monter la garde près d'un tas de neige, dans le désert de Catlowdie.

Ils se hâtèrent d'entrer, et fermèrent la porte sur eux.

— Maintenant qu'un démon protecteur, s'il en existe, se dit Varney, exauce mes vœux dans cette extrémité! car ma barque est au milieu des écueils.

La comtesse, les cheveux et les vêtemens en désordre, était assise sur une espèce de lit de repos, dans l'attitude d'une personne profondément affligée. Le bruit de la porte qui s'ouvrit la tira de sa rêverie; elle tourna ses regards de ce côté, et, fixant les yeux sur Varney, elle s'écria : — Misérable, viens-tu pour exécuter quelqu'un de tes abominables projets ?

Leicester fit taire ces reproches en se montrant; il laissa tomber son manteau, et lui dit d'une voix plus impérieuse que tendre : — C'est à moi, madame, qu'il faut vous adresser, et non pas à sir Richard Varney.

A ces mots, il s'opéra dans les regards et l'accent d'Amy un changement subit. — Dudley! s'écria-t-elle; Dudley! te voilà donc arrivé? Et, plus prompte que l'éclair, elle s'élança à son cou; sans faire attention à la présence de Varney, elle le couvrit de caresses, et baigna son visage de larmes, laissant échapper par intervalles quelques monosyllabes sans ordre et sans suite; douces et tendres expressions que l'amour inspire aux cœurs qu'il a émus.

Leicester se croyait en droit de se plaindre d'une femme qui, en violant ses ordres, l'avait exposé au péril où il s'était trouvé ce matin. Mais quel ressentiment n'eût pas cédé aux témoignages d'amour que lui donnait une créature si aimable! Le désordre de ses vêtemens et ce mélange de crainte et de douleur, qui eût flétri la beauté d'une autre, ne servait qu'à rendre Amy plus intéressante. Leicester reçut ses caresses, et les lui rendit avec une tendresse mêlée de mélancolie. Amy s'en aperçut après les premiers transports de sa joie, et lui demanda avec inquiétude s'il était malade.

— Je ne suis point malade de corps, Amy, répondit-il.

— Alors, je me porterai bien aussi. O Dudley! j'ai été mal, bien mal depuis notre dernière entrevue; car je n'appelle pas t'avoir vu que d'avoir figuré dans l'horrible scène de ce matin. J'ai éprouvé des maladies, des chagrins, des périls; mais je te revois, et je me trouve heureuse et tranquille.

— Hélas! Amy, dit Leicester, tu m'as perdu.

— Moi, milord! dit Amy : et déjà le rayon de joie qui avait brillé dans ses yeux s'était évanoui. Comment aurais-je pu nuire à celui que j'aime plus que moi-même?

— Je ne veux pas vous faire des reproches, Amy; mais n'êtes-vous pas ici contre mes ordres les plus formels, et votre présence ne nous met-elle pas, vous et moi, en péril?

— Serait-il vrai? s'écria-t-elle avec douleur; oh! pourquoi y resterais-je plus long-temps? Ah! si vous saviez quelles sont les craintes qui m'ont obligée à fuir de Cumnor-Place! Mais je ne veux point ici parler de moi-même. Seulement, tant qu'il y aura un autre parti à prendre, je n'y retournerai jamais de plein gré. Cependant si votre salut l'exige...

— Nous choisirons, Amy, quelque autre retraite, dit Leicester, et vous irez dans un de mes châteaux du nord, seulement pour quelques jours, à ce que j'espère, avec le titre d'épouse de Varney.

— Quoi! milord, dit la comtesse en se dérobant à ses embrassemens, c'est à votre épouse que vous donnez le honteux conseil de s'avouer l'épouse d'un autre! et cet autre, c'est Varney!

— Madame, je parle très-sérieusement. Varney est un loyal, un fidèle serviteur, admis à partager tous mes secrets; j'aimerais mieux perdre ma main droite que ses services en cette occasion; vous n'avez aucun motif pour le mépriser comme vous le faites.

— Je pourrais bien le confondre, répondit la comtesse; et déjà même mon regard le fait trembler malgré son assurance. Mais celui qui vous est aussi nécessaire que votre main droite ne sera point accusé par moi ; puisse-t-il vous être toujours fidèle ! mais pour qu'il le soit, gardez-vous de vous fier trop à lui. C'est vous dire assez que je ne le suivrai que par force, et que jamais je ne le reconnaîtrai pour mon époux.

— Mais ce n'est qu'un déguisement momentané, madame, dit Leicester irrité de cette opposition ; un déguisement nécessaire à votre sûreté et à la mienne, compromise par vos caprices et par le désir empressé de vous mettre en possession du rang auquel je vous ai donné droit sous la condition que notre mariage resterait secret pendant quelque temps. Si ma proposition vous déplaît, rappelez-vous que c'est vous-même qui l'avez rendue nécessaire ; il n'y a plus d'autre remède. Il faut faire maintenant ce que votre imprudente folie a rendu indispensable. Je vous l'ordonne.

— Je ne puis mettre vos ordres, dit Amy, en balance avec ceux de l'honneur et de la conscience. Non ! milord, je ne vous obéirai pas en cette occasion ; vous pouvez perdre votre honneur par cette politique tortueuse ; mais jamais je ne ferai rien qui puisse détruire le mien. Comment pourriez-vous, milord, reconnaître en moi une épouse chaste et pure, digne de partager votre rang, lorsque, répudiant ce noble caractère, j'aurai parcouru l'Angleterre comme la femme d'un homme aussi abominable que votre Varney ?

— Milord, dit alors Varney, milady est malheureusement trop prévenue contre moi pour prêter l'oreille aux offres que je ferai. Cependant elles lui seraient peut-être plus agréables que le parti qu'elle propose. Elle a du crédit sur M. Edmond Tressilian, et elle obtiendrait sans doute de lui de vouloir bien l'accompagner à Lidcote-Hall, où elle pourrait rester en sûreté jusqu'à ce que le temps permit de dévoiler ce mystère.

Leicester gardait le silence en regardant Amy fixement, et la comtesse lut dans ses yeux le ressentiment et le soupçon.

La comtesse se contenta de dire : — Plût au ciel que je fusse dans la maison de mon père! Quand je l'abandonnai, je ne croyais guère abandonner aussi l'honneur et la paix de l'ame.

Varney continua du ton d'un homme qui discute : — Sans doute cette mesure nous forcera d'initier des étrangers dans les secrets de milord; mais sûrement la comtesse nous garantira l'honneur de Tressilian et celui de toute la famille de son père.

— Tais-toi, Varney, dit Leicester, par le ciel! je te passe mon épée à travers le corps si tu parles encore de confier mes secrets à Tressilian.

— Et pourquoi non, dit la comtesse, à moins que ce ne soient des secrets de nature à être confiés à des gens comme Varney plutôt qu'à un homme d'honneur? Milord, milord, ne jetez pas sur moi des regards courroucés. C'est la vérité, et c'est moi qui vous la dis. J'ai trahi une fois Tressilian par amour pour vous ; je ne serai pas une seconde fois injuste envers lui en gardant le silence lorsque son honneur est mis en question. Je puis bien souffrir, ajouta-t-elle en regardant Varney, qu'on porte le masque de l'hypocrisie ; mais je ne permettrai pas que la vertu soit calomniée en ma présence.

Ces paroles furent suivies de quelques momens de silence. Leicester était irrité, indécis cependant, et pénétré de l'injustice de ce qu'il demandait. Varney, affectant une douleur hypocrite et une grande humilité, tenait les yeux baissés vers la terre.

Ce fut dans ce moment critique que la comtesse Amy déploya cette énergie de caractère qui l'eût rendue, si le sort l'eût permis, un digne ornement du rang qui lui était dû; elle s'avança vers Leicester d'un pas grave et mesuré, avec un air de dignité et un regard dans lequel une vive affection cherchait en vain à tempérer cette énergie que donnent la conscience et la droiture du cœur. — Vous avez manifesté votre intention, milord, dit-elle, pour sortir de ce moment de crise, et malheureusement je ne puis pas y condescendre. Cet homme a ouvert un autre avis, auquel je n'ai pas d'autre objection à faire que de dire qu'il vous déplaît. Votre Seigneurie consentirait-elle à écouter ce qu'une femme jeune et timide, mais la plus tendre des épouses, croirait le plus convenable dans cette extrémité?

Leicester garda le silence; mais il fit un signe de tête à la comtesse, comme pour lui dire qu'elle pouvait parler librement.

— Tous les malheurs qui nous environnent n'ont qu'une cause unique, ajouta-t-elle; ils découlent de cette duplicité mystérieuse dont on vous engage à vous entourer. Délivrez-vous enfin, milord, de la tyrannie de ces honteuses trames; soyez un vrai gentilhomme anglais, un chevalier, qui regarde la vérité comme le principe de l'honneur, et pour qui l'honneur est plus cher que l'air qu'il respire. Prenez votre malheureuse épouse par la main; conduisez-la aux pieds d'Élisabeth: dites que dans un moment de délire, séduit par les vaines apparences d'une beauté dont il ne reste plus maintenant aucune trace, vous avez uni votre main à celle d'Amy Robsart. Par là vous me rendrez justice, milord..... vous rendrez justice à votre honneur; et si alors la loi ou la puissance de la reine vous obligent de vous séparer de moi, je ne m'y opposerai plus, pourvu qu'il me soit permis d'aller, sans déshonneur, cacher mon désespoir dans cette obscure retraite d'où vous m'avez tirée.

Il y avait tant de dignité, tant de tendresse dans les paroles de la comtesse, qu'elles émurent tout ce qu'il y avait de noble et de généreux dans l'ame de son époux. Ses yeux semblèrent se dessiller, et la duplicité dont il s'était rendu coupable lui apparut escortée de sa honte et de ses remords.

— Je ne suis pas digne de toi, Amy, dit-il, puisque j'ai pu hésiter entre tout ce que l'ambition me promet et un cœur comme le tien. Quelle sera l'amertume de mon humiliation quand il me faudra découvrir moi-même, en présence de mes ennemis sourians et de mes amis consternés, tous les replis de ma honteuse politique. Et la reine! mais qu'elle prenne ma tête, comme elle m'en a menacé.

— Votre tête, milord, dit la comtesse. Quoi! pour avoir usé de la liberté accordée à tout Anglais de se choisir une femme? Ah! c'est cette défiance de la justice de la reine, c'est cette crainte chimérique, qui, semblable à un vain épouvantail, vous ferait abandonner le sentier qui s'ouvre devant vous, le sentier le plus honorable et en même temps le plus sûr?

— O Amy! tu ignores... dit Dudley; mais s'arrêtant aussitôt, il ajouta : — Cependant elle ne trouvera pas en moi la victime facile d'une vengeance arbitraire. J'ai des amis, j'ai des parens; je ne me laisserai pas, comme

Norfolk, traîner à l'échafaud avec la soumission d'une victime qu'on immole à l'autel. Ne craignez rien, Amy, vous trouverez Dudley digne de porter son nom. Je vais à l'instant m'ouvrir à quelques-uns de mes amis, sur lesquels je puis le plus compter ; car au point où en sont les choses, je puis être fait prisonnier dans mon propre château.

— O milord ! dit la comtesse, ne troublez pas par une révolte un état paisible ; il n'y a pas d'ami sur lequel vous ayez le plus à compter que sur votre franchise et votre honneur. Avec ces alliés vous n'avez rien à craindre au milieu de l'armée de vos ennemis et de vos envieux. Sans eux, tous les autres secours vous seront inutiles. Ce n'est pas à tort, milord, que la vérité est peinte désarmée.

— Mais la sagesse, Amy, répondit Leicester, est revêtue d'une armure à l'épreuve de tous les traits. Ne combats pas les moyens que j'emploierai pour rendre ma confession (puisqu'il lui faut donner ce nom) aussi sûre que je le pourrai ; je serai toujours environné d'assez de dangers, quoi que nous puissions faire. — Varney, nous devons sortir d'ici. — Adieu, Amy, je vais te proclamer mon épouse en m'exposant à des risques dont toi seule es digne ; tu recevras bientôt de mes nouvelles.

Il l'embrassa alors tendrement, s'enveloppa de son manteau, et sortit avec Varney de l'appartement. Ce dernier, en se retirant, s'inclina profondément ; et, en se relevant, il regarda Amy avec une expression toute particulière, comme s'il eût désiré connaître jusqu'à quel point son pardon était compris dans la réconciliation qui venait d'avoir lieu entre elle et son époux. La comtesse arrêta sur lui un regard fixe, mais sans paraître faire attention à sa présence; ses yeux ne l'apercevaient pas même en s'arrêtant sur lui.

— C'est elle qui m'a poussé à cette extrémité, dit-il entre ses dents; l'un de nous deux est perdu... Il y avait quelque chose, je ne sais si c'était crainte ou pitié, qui me portait à éviter cette crise; mais le sort en est jeté, il faut que l'un des deux périsse.

En disant ces mots, il observa avec surprise qu'un petit garçon, repoussé par la sentinelle, avait abordé Leicester et lui parlait. Varney était un de ces politiques pour qui rien n'est indifférent. Il adressa des questions à la sentinelle, qui lui répondit que cet enfant l'avait priée de faire parvenir un paquet à la dame folle, mais qu'il n'avait pas voulu s'en charger, une telle commission étant contraire à sa consigne. Sa curiosité étant satisfaite sur ce point, Varney s'approcha de son maître, et lui entendit dire : — Bien, mon enfant, ce paquet sera remis.

— Je vous serai obligé, mon bon monsieur, dit l'enfant; et il disparut en un clin d'œil.

Leicester et Varney retournèrent à pas précipités aux appartemens particuliers du comte, par le même passage qui les avait conduits à la tour de Saint-Lowe.

CHAPITRE XXXVII.

> « Je vous ai dit que c'est un adultère ;
> « Vous connaissez son lâche suborneur,
> » Et Camille connaît les secrets de son cœur. »
>
> SHAKSPEARE. *Conte d'hiver.*

A PEINE arrivé dans son cabinet, le comte prit ses tablettes, et se mit à écrire, parlant tantôt à Varney et tantôt à lui-même : — Il y en a plusieurs, disait-il, dont la destinée est liée à la mienne, et principalement ceux qui occupent les premiers rangs ; il en est beaucoup qui, s'ils se rappellent mes bienfaits et les périls auxquels ils resteraient exposés, ne me laisseront pas périr sans secours. Voyons : Knollis est sûr, et par son moyen je tiens Guernesey et Jersey. Horsey est gouverneur de l'île de Wight ; mon beau-frère Huntingdon et Pembroke commandent dans le pays de Galles. Avec Bedford, je dispose des puritains et de leur crédit, si puissant dans toutes les séditions. Mon frère Warwick est

aussi puissant que moi: sir Owen Hopton m'est dévoué;
il est gouverneur de la Tour de Londres, et c'est là qu'est
déposé le trésor public. Mon père et mon grand-père
n'auraient jamais porté leur tête sur l'échafaud s'ils eussent ainsi combiné leurs entreprises... Pourquoi ce regard sombre, Varney? Je te dis qu'un arbre qui a de
si profondes racines n'est pas facilement abattu par la
tempête.

— Hélas! milord, dit Varney avec un accent de douleur parfaitement contrefait; et ses regards reprirent
cet air abattu que Leicester venait d'y remarquer.

— Hélas! répéta le comte de Leicester; et pourquoi
hélas! sir Richard? Quoi! votre nouvelle dignité ne vous
inspire pas d'exclamation plus courageuse, quand une
si noble lutte va s'ouvrir? Ou si cet *hélas* signifie que
vous avez dessein d'éviter le combat, vous pouvez quitter
le château, et même aller vous joindre à mes ennemis,
si cela vous plaît davantage.

— Non, répondit le confident, Varney saura combattre et mourir auprès de vous. Pardonnez si, dans ma
sollicitude pour ce qui vous touche je vois mieux peut-
être que la noblesse de votre cœur ne vous permet de le
faire, les insurmontables difficultés dont vous êtes environné. Vous êtes fort, milord, vous êtes puissant; mais
qu'il me soit accordé de le dire sans vous offenser, vous
ne l'êtes que par la faveur de la reine: tant que vous
serez le favori d'Élisabeth, vous aurez, sauf le nom,
tous les droits d'un souverain; mais qu'elle vous retire
sa faveur, la gourde du prophète ne fut pas plus promptement flétrie. Révoltez-vous contre la reine, je ne dis
pas seulement dans tout le royaume et dans cette pro-
vince, vous serez aussitôt abandonné, je dis que même

dans votre propre château, au milieu de vos vassaux, de vos parens et de vos amis, vous serez fait prisonnier, et prisonnier bientôt jugé s'il plaît à la reine d'en donner l'ordre. Pensez à Norfolk, milord, au puissant Northumberland, au magnifique Westmoreland. Songez à tous ceux qui ont voulu résister à cette sage princesse ; ils sont tous morts, ou prisonniers, ou fugitifs. Son trône n'est pas comme tant d'autres, qu'une simple conspiration peut renverser ; les bases sur lesquelles il s'appuie sont l'amour et l'affection des peuples. Vous pouvez le partager avec Élisabeth si vous le voulez ; mais ni vous ni aucune puissance étrangère ou domestique ne parviendront à l'abattre, ni même à l'ébranler.

Il se tut alors, et Leicester jeta ses tablettes avec un air d'insouciance et de dépit. — Je sais ce que tu dis, ajouta-t-il ; et, dans le fond, peu m'importe que ce soit la vérité ou la lâcheté qui te fasse parler ainsi : mais il ne sera pas dit que je tomberai sans résistance. Va donner ordre à ceux de mes vassaux qui ont servi sous moi en Irlande de se rendre un à un dans le principal donjon ; que mes gentilshommes et mes amis se tiennent sur leurs gardes, comme si l'on s'attendait à une attaque de la part des gens de Sussex : sème quelques alarmes parmi les habitans de la ville ; qu'ils prennent les armes, et qu'ils soient prêts, à un signal donné, à s'assurer des gentilshommes pensionnaires et des yeomen de la garde.

— Permettez-moi de vous rappeler, milord, dit Varney avec un air de douleur, que vous me donnez ordre de tout disposer pour désarmer la garde de la reine : c'est un acte de haute trahison ; cependant vous serez obéi.

— Peu m'importe, dit Leicester avec l'accent du

désespoir ; peu m'importe : la honte est derrière moi, ma ruine devant mes yeux ; il faut me déclarer.

Il y eut ici un autre moment de silence. Varney prit enfin la parole : — Nous voilà arrivés au point que je redoutais depuis long-temps. Je me vois forcé ou d'être le lâche témoin de la chute du meilleur des maîtres, ou de dévoiler ce que j'eusse désiré voir enseveli dans un oubli profond, ou dénoncé par une autre bouche que la mienne.

— Que dis-tu, et que veux-tu dire? répondit le comte. Nous n'avons pas de temps à perdre en paroles ; il faut maintenant agir.

— Ce que j'ai à dire n'est pas long, milord. Plût à Dieu que votre réponse fût aussi courte! Votre mariage est la seule cause de votre rupture avec la reine, milord ; n'est-il pas vrai?

— Tu le sais bien ; à quoi tend cette inutile question ?

— Pardon, milord, je m'explique. Il est des hommes qui sacrifieraient leur fortune et leur vie pour un riche diamant ; mais ne serait-il pas prudent de bien examiner d'abord si ce diamant est sans défaut?

— Que dis-tu, et que veux-tu dire par là? répondit Leicester en jetant un sombre regard sur son confident ; de qui veux-tu parler?

— C'est... de la comtesse Amy, milord ; c'est d'elle que je suis malheureusement obligé de parler. Oui, je parlerai, dût Votre Seigneurie payer mon zèle de ma mort.

— Tu pourras peut-être mériter de la recevoir de ma main, dit le comte ; mais parle, je t'écoute.

— Eh bien, milord, je vais m'armer de courage ; je parle pour ma propre vie autant que pour celle de

Votre Seigneurie. Je n'aime pas les sourdes menées de milady avec Edmond Tressilian : vous le connaissez, milord; vous savez qu'il avait su d'abord lui inspirer un intérêt dont Votre Seigneurie eut quelque peine à triompher; vous avez vu la vivacité avec laquelle il a soutenu contre moi les intérêts de la comtesse. Son but évident était de forcer Votre Seigneurie à avouer publiquement ce que j'appellerai toujours votre malheureux mariage, et c'est cet aveu que milady voudrait aussi obtenir de vous à tout prix.

Leicester reçut ces mots avec un sourire contraint. — Ton intention, mon bon Richard, est de sacrifier ton honneur, et même celui de toute autre personne, pour me retirer de ce que tu regardes comme un pas si difficile; mais rappelle-toi, et il prononça ces mots d'un air sombre et résolu; rappelle-toi bien que tu parles de la comtesse de Leicester.

— Je le sais; mais aussi je parle dans l'intérêt du comte de Leicester : j'ai à peine commencé ce que j'avais à dire. Je crois très-fermement que Tressilian, depuis ses premières démarches dans cette affaire, a agi de connivence avec la comtesse.

— Tu dis des extravagances, Varney, avec la gravité d'un prédicateur; mais où et comment ont-ils pu se concerter?

— Milord, malheureusement je ne puis que trop vous l'indiquer. Quelque temps avant qu'on eût présenté une pétition à la reine au nom de Tressilian, je le rencontrai, à mon grand étonnement, à la porte secrète du parc de Cumnor-Place.

— Tu l'as rencontré, misérable! et pourquoi ne l'as-tu pas étendu mort à tes pieds? s'écria Leicester.

— Nous avons tiré l'épée l'un contre l'autre, milord ; et si le pied ne m'eût pas glissé, il n'aurait peut-être plus été un obstacle à vos desseins.

Leicester resta muet d'étonnement. A la fin il répondit : — Quelle preuve as-tu, Varney, de ton assertion ? car, comme le châtiment sera grand, je veux examiner froidement et avec circonspection. — Juste ciel! mais non. — Je veux examiner froidement et avec circonspection.... Il répéta plusieurs fois ces paroles, comme si à chaque fois elles eussent eu le pouvoir de le tranquilliser. Puis, se mordant les lèvres, comme s'il eût craint de laisser échapper quelque expression emportée, il s'écria : — Eh bien! quelle preuve as-tu?

— Ah! je n'en ai que trop, milord, dit Varney ; j'aurais voulu qu'elles ne fussent connues que de moi ; car elles eussent été ensevelies dans un éternel oubli ; mais mon valet, Michel Lambourne, a été témoin de tout, et même c'était lui qui avait facilité à Tressilian son entrée à Cumnor ; c'est pour cela que je l'ai pris à mon service, et que je l'ai toujours gardé depuis, tout mauvais sujet qu'il est, afin de pouvoir lui fermer la bouche.

Il ajouta alors qu'il lui serait bien facile de prouver cette entrevue, par l'attestation d'Anthony Foster, soutenue du témoignage de diverses personnes qui avaient entendu la gageure se conclure, et qui avaient vu Lambourne et Tressilian partir ensemble. Dans tout son récit, Varney ne hasarda rien de faux, si ce n'est que, par des insinuations indirectes, il laissa supposer à son maître que l'entrevue qui avait eu lieu entre Amy et Tressilian à Cumnor avait été beaucoup plus longue qu'elle ne l'avait été réellement.

— Et pourquoi n'en ai-je pas été informé ? dit Leicester d'un air sombre. Pourquoi vous tous, et toi, Varney, surtout, m'avez-vous caché ces circonstances?

— Parce que la comtesse, répondit Varney, nous dit que Tressilian s'était introduit contre son gré auprès d'elle; d'où je conclus que leur entrevue s'était passée en tout honneur, et qu'elle en instruirait, dans le temps, Votre Seigneurie. Milord n'ignore pas avec quelle répugnance nous prêtons l'oreille aux soupçons dirigés contre ce que nous aimons, et, grace au ciel, je ne suis ni un *boute-feu* ni un délateur empressé à les répandre.

— Mais vous êtes trop prompt à les accueillir, sir Richard. Comment savez-vous que cette entrevue ne s'est point passée en tout honneur, comme vous le dites? Il me semble que l'épouse du comte de Leicester peut s'entretenir quelques instans avec un homme tel que Tressilian sans qu'il doive en résulter un outrage pour moi ou un soupçon contre elle.

— Sans doute, milord, et si je ne l'eusse pas cru, je n'aurais pas gardé si long-temps ce secret. Mais voici ce qui fait présumer le contraire: Tressilian établit une correspondance avec un pauvre misérable, le maître d'une auberge de Cumnor-Place, dans le dessein de faciliter l'évasion de la dame; il y envoie un de ses émissaires, que j'espère bientôt tenir sous clef dans la tour de Mervyn, car Killigrew et Lambsbey battent le pays pour s'emparer de lui. L'hôte reçoit une bague pour prix de sa discrétion: Votre Seigneurie peut l'avoir vue dans les mains de Tressilian; la voilà. Son agent arrive déguisé en colporteur, tient des conférences avec milady, et ils s'échappent ensemble pendant la nuit. Ils volent un cheval à un pauvre misérable qu'ils trouvent sur la route, tant était grand leur criminel empressement. A la fin ils arrivent au château, et la comtesse de Leicester trouve un asile; je n'ose dire où...

— Parle, je te l'ordonne, dit Leicester; parle, tandis que je conserve encore assez de patience pour t'entendre.

— Puisque vous le voulez, répondit Varney, la comtesse s'est rendue immédiatement dans l'appartement de Tressilian, où elle resta plusieurs heures, soit seule, soit avec lui; je vous ai dit que Tressilian avait une maîtresse dans sa chambre : je ne me doutais guère que cette maîtresse fût...

— Amy, tu veux dire, répondit Leicester; c'est une imposture aussi noire que la vapeur de l'enfer! Qu'elle soit ambitieuse, légère, impatiente, je puis le croire, elle est femme. Mais me trahir! jamais, jamais. La preuve, la preuve de ce que tu dis! s'écria-t-il vivement.

— Carrol, le sous-maréchal (1) du château, l'y a conduite hier après midi par son ordre : Lambourne et le gardien de la tour l'y ont trouvée ce matin de très-bonne heure.

— Et Tressilian y était-il avec elle? dit Leicester avec précipitation.

— Non, milord. Vous vous rappelez, répondit Varney, qu'il a été, cette nuit, placé sous la garde de Blount.

— Carrol et les autres domestiques ont-ils reconnu qui elle était?

— Non, milord; Carrol et Lawrence Staples n'avaient jamais vu la comtesse, et Lambourne ne l'a pas reconnue sous son déguisement, mais en voulant s'opposer à sa fuite de la chambre, ils se sont emparés d'un de ses gants, que milord reconnaîtra sans doute.

(1) Ou maréchal en second, *deputy marshal*. — ÉD.

Il remit à Leicester le gant sur lequel les armoiries du comte étaient brodées avec de petites perles.

— Oui, je le reconnais, dit Leicester, c'est moi-même qui lui en fis présent; l'autre était au bras qu'aujourd'hui même elle passait autour de mon cou. Il prononça ces mots avec une violente agitation.

— Milord, dit Varney, pourrait se faire certifier par milady elle-même la vérité de tout ce que j'avance.

— Cela n'est pas nécessaire, cela n'est pas nécessaire, dit le comte en proie aux plus vifs tourmens. Elle est écrite à mes yeux en traits de lumière. Je vois son infamie! je ne puis me refuser à l'évidence. Dieu puissant! pour cette vile créature, j'allais exposer la vie de tant de nobles amis; ébranler un trône; porter le fer et le feu au sein d'un royaume paisible; combattre la généreuse souveraine qui m'a fait ce que je suis, et qui, sans cet affreux mariage, m'aurait élevé au plus haut rang qu'un homme puisse espérer! le tout, pour une femme qui se ligue avec mes plus cruels ennemis! Et toi, misérable, que ne parlais-tu plus tôt?

— Une larme de la comtesse, milord, aurait fait oublier tout ce que j'aurais pu dire, et d'ailleurs je n'ai possédé ces preuves que ce matin, lorsque l'arrivée soudaine d'Anthony Foster, et les aveux qu'il avait arrachés à l'aubergiste Gosling, m'ont appris comment elle s'était échappée de Cumnor, et que mes recherches m'ont fait découvrir ce qu'elle était devenue ici.

— Maintenant, que le ciel soit loué pour la lumière qu'il lui plaît de faire luire à mes yeux. L'évidence est si claire qu'il n'y a pas homme en Angleterre qui puisse accuser ma vengeance d'être injuste ou précipitée; cependant, Varney, si jeune, si belle, si caressante, et si fausse! de là vient cette haine qu'elle t'a vouée, mon fidèle, mon cher serviteur; elle abhorre celui qui déjouait ses complots, et qui faillit immoler son lâche suborneur.

— Je ne lui ai jamais donné d'autre sujet de haine, milord; mais elle savait que mes conseils tendaient à diminuer l'influence qu'elle a sur vous, et que j'étais toujours prêt à exposer ma vie contre vos ennemis.

— Oui, je le reconnais, dit Leicester; et cependant avec quel air de magnanimité elle m'exhortait à mettre ma tête à la merci de la reine plutôt que de me couvrir plus long-temps d'un voile imposteur! Il me semble que l'ange de la vérité lui-même n'aurait pas cet accent persuasif. Est-il possible, Varney? L'imposture sait-elle à ce point affecter le langage de la vérité? L'infamie peut-elle prendre ainsi le masque de la vertu? Varney, tu m'as servi depuis l'enfance; tu me dois ta fortune; je puis t'élever plus haut encore; réfléchis pour moi. Tu eus toujours un esprit subtil et pénétrant. Ne pourrait-elle pas être innocente? Tâche de me le prouver, et tout ce que j'ai fait pour toi ne sera rien; non, rien, en comparaison de ta récompense.

L'angoisse déchirante avec laquelle il prononça ces paroles produisit quelque effet sur le cœur endurci de Varney, qui, au milieu des affreux projets de son ambition, aimait réellement son maître, autant toutefois qu'un cœur comme le sien était capable d'aimer; mais il se raffermit bientôt, et dompta ses remords par la réflexion que, s'il causait à Leicester une douleur passagère, c'était pour lui aplanir le chemin du trône, qu'Élisabeth, si le mariage du comte était une fois dissous, s'empresserait de partager avec lui. Il persévéra donc dans son infernale politique, et après avoir hésité un moment, il répondit à l'inquiète question du comte par un regard mélancolique, comme s'il eût vainement cherché une excuse pour Amy. Puis, relevant aussitôt la tête, il dit avec une expression d'espérance qui passa soudain dans la contenance de son maître : — Cependant, si elle était coupable, elle ne se fût pas hasardée à venir ici ; pourquoi n'aurait-elle pas plutôt fui chez son père, ou partout ailleurs ? Mais pourtant cette démarche s'accorde assez avec le désir qu'elle avait de se faire reconnaître comtesse de Leicester.

— C'est la vérité, la vérité, s'écria Leicester, car son espérance passagère avait déjà cédé aux plus sombres sentimens. Tu ne lis pas comme moi dans les profonds replis du cœur d'une femme ; Varney, je devine tout. Elle ne veut pas renoncer au titre et au rang du sot qui s'est uni à elle, et si dans ma fureur j'avais levé l'étendard de la révolte, et si la colère de la reine avait fait tomber ma tête, comme elle m'en a menacé ce matin, le riche douaire que la loi assignerait à la comtesse de Leicester serait une assez bonne aubaine pour ce malheureux Tressilian. Ainsi elle m'excitait à affronter un péril qui ne pouvait que lui être utile. Ah ! ne me parle pas en sa faveur, Varney ; j'aurai son sang.

— Milord, répondit Varney, votre douleur est excessive, et porte à l'excès votre ressentiment.

— Je le répète, cesse de me parler pour elle, répondit Leicester ; elle m'a déshonoré. Elle eût voulu m'assassiner. Il n'y a plus de lien entre elle et moi. Elle mourra comme une épouse perfide et adultère, coupable devant Dieu et devant les hommes ! Qu'est-ce que cette cassette, continua-t-il, qui m'a été remise par un enfant, pour que je la portasse à Tressilian, attendu qu'il ne pouvait pas la porter à la comtesse? Grand Dieu! ces paroles m'ont surpris lorsque je les ai entendues; quoique d'autres objets occupent ma pensée, elles me reviennent maintenant avec plus de force. C'est son écrin! ouvre-le, Varney. Forces-en la charnière avec ton poignard.

— Un jour elle refusa de s'en servir pour couper le lien qui fermait une lettre, pensa Varney en tirant son arme du fourreau; ce fer va maintenant jouer un plus grand rôle dans ses destinées.

Tout en faisant ces réflexions, il se servit de son poignard à lame triangulaire comme d'un levier, et força la charnière d'argent de la cassette. Le comte ne la vit pas plus tôt ouverte, qu'il la prit des mains de Varney, en arracha le couvercle, et en tirant les bijoux qu'elle renfermait, il les jeta sur le plancher dans un transport de rage, et ses yeux cherchaient avec avidité quelque lettre ou quelque billet qui lui prouvât plus évidemment encore les crimes imaginaires de la comtesse. Puis, foulant aux pieds les joyaux répandus autour de lui, il s'écria : — C'est ainsi que j'anéantis les misérables bijoux pour lesquels tu as vendu ton corps et ton ame, pour lesquels tu t'es vouée à une mort prématurée, en me condamnant à un désespoir et à des remords éternels. Ne me parle plus de pardon, Varney; son arrêt est prononcé. En répétant ces mots, il sortit précipitamment de la chambre, et s'élança dans un cabinet voisin dont il ferma la porte au verrou.

Varney le suivit de l'œil, et un sentiment de compassion sembla combattre dans sa physionomie avec le sourire moqueur qui lui était habituel. — Je plains sa faiblesse, dit-il, l'amour en a fait un enfant. Il jette, il écrase ces pierreries. Avec le même emportement il brisera le bijou, plus fragile encore, qu'il avait jusqu'ici aimé si passionnément. Mais sa fureur cessera quand l'objet qui la cause n'existera plus ; il ne sait pas apprécier les choses à leur véritable valeur ; c'est un don que la nature a réservé à Varney. Quand Leicester sera roi, il pensera aussi peu aux orages des passions malgré lesquels il est parvenu au trône, que le matelot arrivé au port songe aux périls passés du voyage; mais il ne faut pas que ces objets restent là pour attester sa colère; ce sont de trop riches profits pour les coquins qui font sa chambre.

Tandis que Varney s'occupait à les ramasser pour les mettre dans le tiroir secret d'une armoire, il vit la porte du cabinet de Leicester entr'ouverte : le rideau était écarté ; Leicester avança la tête : mais tel était l'abattement de ses yeux, et la pâleur de ses lèvres et de ses joues, que Varney tressaillit en voyant cette altération des traits de son maître. A peine son œil eut-il rencontré l'œil de Leicester qu'il baissa la tête, et referma la porte du cabinet. Le comte se montra deux fois de la même manière sans prononcer une seule parole, et Varney commençait à croire que son cerveau était affecté. La troisième fois cependant Leicester fit un signe, et Varney s'approcha. En entrant, il vit que le trouble de son maître n'était pas causé par le délire, mais par le projet barbare qu'il méditait, et par la lutte de ses passions. Ils passèrent une heure entière à conférer ensemble ; après quoi le comte de Leicester s'habilla à la hâte, et se rendit auprès de la reine.

CHAPITRE XXXVIII.

« La fête allait au mieux,
« Mais vous avez porté le désordre en ces lieux. »
SHAKSPEARE. *Macbeth.*

Pendant le repas et les fêtes de ce jour mémorable, les manières de Leicester et de Varney furent bien différentes de leur conduite habituelle, et l'on se le rappela dans la suite. Jusqu'alors sir Richard Varney s'était montré plutôt comme un homme actif et intelligent que comme un ami des plaisirs. Les affaires semblaient être son élément. Au milieu des fêtes et des réjouissances qu'il savait fort bien diriger, son rôle était celui de simple spectateur, ou, s'il exerçait son esprit, c'était d'une manière caustique et sévère, plutôt pour se moquer des convives que pour partager leurs amusemens.

Mais ce jour-là son caractère parut entièrement

changé. Il se mêlait aux jeunes seigneurs et aux dames de la cour; il semblait animé d'une gaieté sémillante et frivole, qui surpassait celle des courtisans les plus enjoués. Ceux qui l'avaient toujours regardé comme un homme occupé des projets plus graves de l'ambition, et habitué à lancer le sarcasme sur ceux qui, prenant le temps comme il vient, sont disposés à profiter de tous les plaisirs qui se présentent, remarquaient avec étonnement qu'il avait un esprit aussi enjoué que le leur, une gaieté aussi franche et un front aussi serein : par quel art son infernale hypocrisie pouvait-elle ainsi couvrir du voile d'une aimable insouciance les plus sinistres pensées qu'un homme puisse concevoir? C'est un secret qui n'appartient qu'à ceux qui lui ressemblent, si toutefois il en existe. Varney avait reçu de la nature des facultés peu ordinaires, mais malheureusement il n'en consacrait jamais l'énergie qu'aux plus noirs desseins.

Il en était bien autrement de Leicester : quelque habitué qu'il fût à jouer le rôle de courtisan, à paraître gai, assidu, libre de tout autre soin que celui d'animer les plaisirs, lors même qu'il était livré secrètement aux angoisses de l'ambition, de la jalousie et de la haine, son cœur était en proie à un ennemi plus terrible qui ne lui laissait pas un moment de repos. On lisait dans son œil hagard et sur son front troublé que ses pensées étaient loin du théâtre sur lequel il était obligé de jouer son rôle. Il ne parlait, il n'agissait qu'avec un effort continuel, et il semblait en quelque sorte avoir perdu l'habitude de commander à cet esprit pénétrant et à ces formes gracieuses qui le distinguaient. Ses actions et ses gestes n'étaient plus le résultat de sa volonté; il était comme un automate qui attend pour se mouvoir l'impulsion d'un ressort intérieur, et ses paroles s'échappaient une à une, sans suite, comme s'il avait eu d'abord à penser à ce qu'il fallait dire, puis à la manière dont il fallait l'exprimer, et comme si ce n'eût été que par un effort continuel d'attention qu'il complétait une phrase sans oublier les mots ou l'idée.

L'effet remarquable que ces distractions produisirent sur le maintien et la conversation du courtisan le plus accompli de toute l'Angleterre était sensible pour tous ceux qui l'approchaient, et surtout pour l'œil pénétrant de la plus habile princesse de ce siècle. Il est hors de doute que cette négligence et cette bizarrerie auraient appelé sur le comte de Leicester toute l'animadversion de la reine si elle ne les eût attribuées à la vivacité avec laquelle elle lui avait fait sentir son mécontentement le matin même. Elisabeth pensa que l'esprit de son favori en était encore préoccupé, et que ce souvenir portait atteinte, malgré lui, à la grace ordinaire de ses manières et au charme de sa conversation.

Quand cette idée, si flatteuse pour la vanité d'une femme, se fut présentée à la reine, son cœur excusa toutes les inconvenances de la conduite de Leicester envers elle; et les courtisans observèrent avec étonnement qu'au lieu de se fâcher de ses distractions répétées (et la reine était ordinairement très-rigoureuse sur ce point), elle cherchait à lui offrir l'occasion de revenir à lui, et daignait lui en faciliter les moyens avec une indulgence qui ne lui était pas naturelle : mais on prévoyait facilement que cette indulgence ne pouvait durer long-temps, et Elisabeth, reprenant son caractère, allait s'irriter enfin de la conduite de Leicester quand

Varney invita le comte à venir lui parler dans un appartement voisin. Après s'être laissé appeler deux fois, il se leva, et il allait sortir précipitamment ; mais il s'arrêta, et se retournant tout à coup vers la reine, il lui demanda la permission de s'absenter pour des affaires pressantes.

— Allez, milord, dit la reine ; nous savons que notre présence ici doit vous occasioner des affaires soudaines et pressées auxquelles il faut pourvoir à l'instant même ; cependant, milord, si vous voulez que nous nous regardions comme bienvenue chez vous, nous vous engageons à penser un peu moins à nos plaisirs, et à nous montrer un peu plus de gaieté que vous n'en avez fait paraître aujourd'hui. Que l'on reçoive un prince ou un vassal, la cordialité est toujours le meilleur accueil qu'on puisse lui faire. Allez, milord ; nous espérons vous voir à votre retour le front plus serein, et retrouver en vous cet aimable abandon auquel vos amis sont accoutumés.

Leicester, pour toute réponse, s'inclina profondément et sortit ; à la porte de l'appartement, il rencontra Varney, qui le tira vivement à part, et lui dit à l'oreille :
— Tout va bien.

— Masters l'a-t-il vue ? demanda le comte.

— Oui, milord ; comme elle n'a voulu ni répondre à ses questions ni lui donner le motif de son silence, il attestera qu'elle est atteinte d'une maladie mentale, et qu'il faut la remettre entre les mains de ses amis : l'occasion est sûre pour l'éloigner comme nous l'avons résolu.

— Mais Tressilian ? répondit Leicester.

— Il n'apprendra pas son départ de quelque temps, et il aura lieu ce soir même ; demain on s'occupera de lui.

— Non, sur ma vie, s'écria Leicester : ce sera ma propre main qui me vengera de Tressilian.

— Votre main, milord! vous venger vous-même d'un homme aussi peu important que Tressilian! non, milord. Il a toujours témoigné le désir de voyager dans les pays étrangers ; j'aurai soin de lui : je ferai en sorte qu'il ne revienne pas de si tôt pour rapporter des histoires.

— Non, de par le ciel, Varney! s'écria Leicester. Appelles-tu peu important un ennemi qui a pu me faire une blessure si profonde, que désormais ma vie ne sera plus qu'un enchaînement de remords et de douleur? Non : plutôt que de renoncer à me faire justice de ce misérable, j'irais dévoiler tout à Elisabeth, et appeler sa vengeance sur leur tête et sur la mienne.

Varney vit avec effroi que son maître était tellement agité, que, s'il ne parvenait pas à calmer son esprit, il était capable de se porter à cet acte de désespoir, qui ruinerait en un moment tous ses projets d'ambition formés pour son maître et pour lui : mais la fureur du comte paraissait irrésistible et profondément concentrée; ses yeux étincelaient, l'accent de sa voix était mal assuré, et l'écume coulait sur ses lèvres.

Son confident parvint cependant à le maîtriser au milieu de cette extrême agitation. — Milord, dit-il en le conduisant devant une glace, regardez-vous dans ce miroir, et voyez si ces traits décomposés sont ceux d'un homme capable de prendre conseil de lui-même dans une circonstance si grave.

— Que veux-tu donc faire de moi? dit Leicester, frappé du changement de sa physionomie, quoique offensé de la liberté de Varney. Suis-je ton sujet, ton vassal? suis-je l'esclave de mon serviteur?

— Non, milord, dit Varney avec fermeté : mais commandez à vous-même et à vos passions. J'ai honte, moi qui vous sers dès mon enfance, de voir la faiblesse que vous manifestez dans ce moment. Allez aux pieds d'Élisabeth ; avouez votre mariage ; accusez d'adultère votre épouse et son amant; déclarez en présence de toute la cour que vous êtes la dupe qui a épousé une petite fille de campagne, et s'est laissé tromper par elle et son galant érudit. Allez, milord ; mais recevez d'abord les adieux de Richard Varney, qui renonce à tous les biens dont vous l'avez comblé. Il a pu servir le noble, le grand, le magnanime Leicester; il était plus fier de lui obéir que de commander à d'autres : mais ce seigneur déshonoré, qui cède au moindre coup de la fortune, dont les hardis projets se dissipent comme la fumée au plus léger souffle des passions, non, Richard Varney ne consentira jamais à le servir. Il porte une ame aussi supérieure à la sienne qu'il lui est inférieur par le rang et par la fortune.

Varney parlait ainsi sans hypocrisie, quoique cette fermeté d'ame dont il se vantait ne fût chez lui que cruauté et dissimulation profonde; cependant il sentait réellement cette supériorité dont il se vantait ; et dans ce moment, l'intérêt qu'il prenait à la fortune de Leicester animait son geste et donnait à sa voix l'accent d'une émotion peu ordinaire en lui.

Leicester fut subjugué ; il sembla au malheureux comte que son dernier ami allait l'abandonner : il étendit les mains vers Varney en prononçant ces paroles :
— Ne me quitte pas. Que veux-tu que je fasse?

— Que vous soyez vous-même, mon noble maître, dit Varney en baisant la main du comte après l'avoir serrée respectueusement ; que vous soyez vous-même, et supérieur à ces orages des passions qui bouleversent les ames communes. Êtes-vous le premier qui ayez essuyé les trahisons de l'amour? le premier à qui une femme capricieuse et légère ait inspiré une affection dont elle s'est ensuite jouée? Vous livrerez-vous à un désespoir insensé pour n'avoir pas été plus sage que le plus sage des hommes? Qu'elle soit pour vous comme si elle n'avait jamais existé; que son souvenir s'efface de votre mémoire comme indigne de l'avoir jamais occupée. Que le hardi projet que vous avez conçu ce matin, et que j'aurai assez de courage et de zèle pour exécuter, soit comme l'ordre dicté par un être supérieur, et l'acte d'une justice impassible; elle a mérité la mort... qu'elle meure!

Tandis qu'il parlait ainsi, la main du comte pressait fortement la sienne; serrant ses lèvres l'une contre l'autre et fronçant le sourcil, il semblait vouloir emprunter de Varney quelque chose de cette fermeté froide, insensible et barbare, qu'il lui recommandait. Quand Varney se tut, le comte serrait encore sa main. Enfin, avec une tranquillité affectée, il parvint à prononcer ces paroles : — J'y consens, qu'elle meure! mais qu'il me soit permis de verser une larme.

— Non, milord, répondit vivement Varney, qui lut dans l'œil déjà humide de son maître qu'il allait laisser éclater son émotion. Non, milord! point de larmes; elles ne sont pas de saison. Il faut penser à Tressilian.

— Ce nom seul, dit le comte, suffirait pour changer des larmes en sang. Varney, j'y ai pensé, je l'ai résolu, et rien ne pourra m'en détourner. Tressilian sera ma victime.

— C'est une folie, milord; mais vous êtes trop puissant pour que je cherche à arrêter le bras de votre vengeance. Choisissez seulement le temps et l'occasion, et ne hasardez rien avant de les avoir trouvés.

— Je ferai ce que tu voudras, dit Leicester, mais seulement ne t'oppose point à ce projet.

— Eh bien, milord, dit Varney, commencez par quitter cet air sombre et égaré qui attire sur vous les yeux de toute la cour, et que la reine, sans l'excès d'indulgence qu'elle vous a témoigné aujourd'hui, ne vous eût jamais pardonné.

— Ai-je donc montré tant de négligence? dit Leicester, qui semblait sortir d'un songe; je croyais avoir composé mon maintien; mais ne crains rien, mon esprit est tranquille maintenant; je suis calme : mon horoscope sera accompli; et, pour seconder le destin, je vais user de toutes les facultés de mon ame. Ne crains plus rien pour moi, te dis-je. Je retourne auprès de la reine. Tes regards et tes discours ne seront pas plus impénétrables que les miens. N'as-tu rien à me dire de plus?

— Je vous demanderai la bague qui vous sert de sceau, dit Varney, pour prouver à ceux de vos serviteurs dont les secours me seront nécessaires que je suis autorisé par vous à les employer.

Leicester prit son anneau, et le remit à Varney d'un air sombre et hagard; il ajouta seulement à demi-voix, mais avec une expression terrible : — Quelque chose que tu fasses, agis promptement.

Cependant l'absence prolongée du comte commençait à faire naître l'inquiétude et l'étonnement dans le cercle où se trouvait la reine, et ses amis éprouvèrent une vive satisfaction lorsqu'ils le virent entrer comme un homme qui, selon toutes les apparences, avait su triompher de tous ses soucis.

Leicester fut fidèle ce jour-là à la promesse qu'il avait faite à Varney, qui dès lors se vit délivré de la contrainte où il s'était trouvé de jouer un rôle si éloigné de son caractère. Il reprit peu à peu ses habitudes graves et cet esprit satirique et observateur qui lui était naturel.

Leicester se conduisit auprès d'Élisabeth en homme qui connaissait parfaitement la force d'ame de sa souveraine et sa faiblesse sur deux ou trois points; il était trop adroit pour changer subitement le rôle qu'il jouait avant de se retirer avec Varney; mais en s'approchant d'elle, il parut affecté d'une mélancolie dans laquelle se distinguait une teinte de tendresse, et qui, dans la conversation qu'il eut avec Élisabeth, et à mesure qu'elle lui prodiguait les marques de sa faveur, se changea en une galanterie passionnée, la plus assidue, la plus délicate, la plus insinuante, et en même temps la plus respectueuse que jamais sujet ait adressée à une reine. Élisabeth l'écoutait avec une sorte d'enchantement; la jalousie du pouvoir semblait s'endormir chez elle; la résolution qu'elle avait formée d'éviter tout lien domestique, pour se livrer uniquement aux soins de son royaume, commençait à s'ébranler, et l'étoile de Dudley domina encore une fois sur l'horizon de la cour.

Mais le triomphe que Leicester obtenait sur la nature et sa conscience fut empoisonné non-seulement par le murmure secret de ses sentimens révoltés contre la violence qu'il leur faisait, mais encore par diverses circonstances qui, pendant le banquet et les fêtes de la soirée, réveillèrent chez lui une pensée qui faisait son supplice.

Ainsi, par exemple, les courtisans étaient dans la grand'salle après le banquet, attendant une superbe mascarade qui devait servir de divertissement pour la soirée, lorsque la reine interrompit tout à coup le comte de Leicester, dans une espèce d'assaut de saillies qu'il soutenait contre lord Willoughby, Raleigh et plusieurs autres courtisans, en disant : — Milord, nous vous ferons condamner comme coupable de haute trahison si vous continuez à nous faire mourir de rire. Mais voici quelqu'un qui possède le talent de vous rendre tous sérieux à son gré : c'est notre docte médecin Masters, qui sans doute nous apporte des nouvelles de notre pauvre suppliante lady Varney. J'espère, milord, que vous ne nous quitterez pas lorsqu'il s'agit d'une contestation entre époux ; nous n'avons pas nous-même assez d'expérience pour prononcer en pareille matière sans un bon conseil. Eh bien, Masters, que pensez-vous de cette pauvre folle?

Le sourire qui animait les lèvres de Leicester quand il parlait s'y arrêta tout à coup quand la reine l'eut interrompu, comme s'il y eût été sculpté par le ciseau de Michel-Ange ou de Chantrey (1). Il écouta le rapport du médecin avec le même aspect d'immobilité.

— Gracieuse reine, répondit Masters, lady Varney garde un sombre silence ; elle ne veut pas s'ouvrir à moi sur l'état de sa santé ; elle parle de venir elle-même plai-

---

(1) Cité par Walter Scott à côté de Michel-Ange, Chantrey reçoit ici une garantie d'immortalité. Plusieurs de ses ouvrages justifient cet éloge, entre autres le buste de Walter Scott lui-même. — Éd.

der sa cause devant vous, et dit qu'elle ne veut répondre aux questions d'aucune autre personne.

— Que le ciel m'en préserve! dit la reine; nous avons déjà assez souffert du trouble et de la discorde qui semblent suivre cette infortunée partout où elle va. N'êtes-vous pas de cet avis milord? ajouta-t-elle en s'adressant à Leicester avec un regard où se peignait le regret de ce qui s'était passé dans la matinée. Leicester s'inclina profondément; mais, malgré tous ses efforts, il ne put parvenir à dire à la reine qu'il partageait ses sentimens.

— Vous êtes vindicatif, milord, dit-elle; nous saurons vous en punir en temps et lieu. Mais revenons à ce trouble-fête, lady Varney; comment se porte-t-elle, Masters?

— Elle est plongée dans une noire mélancolie, madame, comme je vous l'ai déjà dit, répondit Masters; elle ne répond point à mes questions, et ne veut pas se soumettre à ce que prescrit la médecine. Je la crois possédée d'un délire qui me paraît plutôt être *hypocondriaque* que *frénétique*, et je crois qu'il faudrait que son mari la fît soigner dans sa maison, loin de tout ce tumulte qui trouble sa faible tête, et lui montre des fantômes imaginaires. Elle laisse échapper quelques mots qui la feraient prendre pour un grand personnage déguisé; quelque comtesse ou princesse peut-être... Le ciel lui soit en aide! telles sont les hallucinations (1) de ces infortunés.

— Oui, dit la reine, qu'on la fasse partir au plus vite, qu'on la confie aux soins de Varney; mais qu'elle abandonne le château sans retard. Elle se croirait ici mai-

(1) Illusion, vision. — Éd.

tresse de tout, je vous le garantis : il est bien malheureux qu'une si belle personne ait ainsi perdu la raison; qu'en pensez-vous, milord?

— Très-malheureux, en vérité, répondit le comte en répétant ces paroles comme une tâche qu'on lui imposait.

— Mais peut-être, dit Élisabeth, n'êtes-vous pas de notre avis sur sa beauté? Et, dans le fait, j'ai vu des hommes qui préféraient l'œil mâle et majestueux de Junon à ces belles délicates qui penchent la tête comme un lis dont la tige est brisée. Oui, milord, les hommes sont des ennemis qui trouvent plus de charmes dans le combat que dans la victoire; et semblables à de braves champions, ils aiment mieux les femmes qui savent leur résister. Je pense comme vous, Rutland, que donner pour femme à Leicester une pareille figure de cire, ce serait vouloir lui faire désirer la mort au bout de la lune de miel (1).

En disant ces mots elle jeta sur le comte un regard si expressif que, malgré les reproches de son cœur sur son odieuse duplicité, il eut encore assez de force pour dire à l'oreille d'Élisabeth que l'amour de Leicester était plus soumis qu'elle ne le croyait, puisqu'il s'adressait à quelqu'un à qui il ne commanderait jamais, mais obéirait toujours.

La reine rougit, lui imposa silence, mais ses yeux disaient au contraire qu'elle espérait n'être point obéie.

En ce moment le son des trompettes et le roulement des tambours qui se fit entendre du haut d'un balcon annonça l'arrivée des masques, et délivra Leicester de

(1) Le premier mois de mariage, *the honey moon*. — Éd.

l'horrible état de contrainte et de dissimulation dans lequel sa politique tortueuse l'avait placé.

Les masques qui entrèrent étaient divisés en quatre bandes séparées, composées de six personnages principaux, et de six porte-flambeaux qui se suivaient à quelque distance. Elles représentaient les différentes nations qui avaient successivement occupé l'Angleterre.

Les Bretons aborigènes, qui entrèrent les premiers, étaient conduits par deux druides, dont les cheveux blancs étaient couronnés de chêne, et qui portaient dans leur main une branche de gui. Les masques qui suivaient ces deux prêtres vénérables étaient accompagnés de deux bardes habillés de blanc, avec leurs harpes, qu'ils pinçaient par intervalle, en chantant des hymnes en l'honneur de Bélus ou du Soleil : ceux qui représentaient les Bretons avaient été choisis parmi les plus grands et les plus robustes gentilshommes de la cour ; leur masque était orné d'une longue barbe et d'une longue chevelure ; leurs vêtemens étaient de peaux d'ours et de renards ; toute la partie supérieure de leur corps était couverte d'une étoffe de soie couleur de chair, sur laquelle on voyait des figures grotesques d'astres, d'animaux et d'autres objets emblématiques, ce qui leur donnait une parfaite ressemblance avec nos ancêtres dont les Romains attaquèrent les premiers l'indépendance.

Les fils de Rome, qui vinrent pour civiliser autant que pour conquérir, suivaient le groupe des Bretons. Le costumier de la fête avait parfaitement imité les grands casques, l'habit militaire de ce peuple illustre, leur bouclier épais et étroit, et cette épée courte et à deux tranchans qui leur servit à conquérir le monde ; l'aigle romaine marchait devant eux. Les deux porte-étendards chantaient un hymne consacré au dieu Mars ; les guerriers venaient après eux, marchant d'un pas grave et assuré, comme comme des hommes qui aspirent à la conquête de l'univers.

La troisième troupe représentait les Saxons, couverts de peaux d'ours qu'ils avaient apportées des forêts de la Germanie. Leur bras était armé de la redoutable hache d'armes qui fit tant de carnage parmi les premiers Bretons ; ils étaient précédés par deux scaldes chantant les louanges d'Odin.

Enfin venaient les chevaliers normands, revêtus de leur cotte de mailles et de leur casque d'acier, avec tout l'appareil de la chevalerie. Deux ménestrels, qui chantaient la guerre et les dames, précédaient ce groupe brillant.

Ces masques entrèrent dans la salle avec le plus grand ordre. Ils s'arrêtèrent quelque temps près de la porte, pour que les spectateurs pussent les voir mieux à leur aise, puis ils firent le tour de la salle pour déployer leurs rangs, et, ayant placé les porte-flambeaux derrière eux, ils se rangèrent des deux côtés, de manière que les Romains se trouvèrent vis-à-vis des Bretons et les Saxons en face des Normands. Ils parurent alors se regarder d'un œil étonné ; à l'étonnement succéda la colère, exprimée par des gestes menaçans ; puis, à un signal donné par une musique militaire placée sur la galerie, ces ennemis tirèrent leurs épées, et marchant les uns contre les autres à pas mesurés, et exécutant une espèce de danse pyrrhique, ils frappèrent de leur fer l'armure de leur adversaires, en passant l'un près de l'autre. C'était un spectacle bizarre de voir ces différentes troupes marcher toujours en mesure, malgré leurs manœuvres en apparence irrégulières, se mêler, se séparer et reprendre leurs places, suivant les différens tons de la musique.

Ces danses symboliques représentaient les divers combats qui eurent lieu entre les différens peuples par lesquels la Grande-Bretagne fut jadis occupée.

Enfin, après plusieurs évolutions qui divertirent beaucoup les spectateurs, le son d'une trompette se fit entendre, comme si c'eût été le signal d'une bataille ou d'une victoire. Les masques cessèrent aussitôt leurs danses, et, se rassemblant près de leurs chefs respectifs, ils parurent attendre avec impatience, comme tous les spectateurs, ce que la trompette annonçait.

Les deux battans de la porte s'ouvrirent, et un Enchanteur parut : c'était le célèbre Merlin, revêtu d'un costume étrange et mystérieux, qui rappelait sa naissance douteuse et son art magique. Devant et derrière lui folâtraient et gambadaient plusieurs êtres fantastiques, représentant les esprits prêts à obéir à ses ordres, et cette partie de la fête fit tant de plaisir aux domestiques et aux autres vassaux, que plusieurs d'entre eux oublièrent le respect qu'ils devaient à la reine jusqu'à pénétrer dans la salle.

Le comte de Leicester, voyant que ses officiers auraient de la peine à les faire sortir sans occasioner quelque désordre en présence de Sa Majesté, se leva, et alla lui-même au milieu de la salle : mais Élisabeth, avec sa bonté ordinaire pour le bas-peuple, demanda qu'on lui permît d'être spectateur de la fête. Leicester avait saisi ce prétexte pour s'éloigner de la reine, et pour se reposer un moment de la pénible tâche de cacher, sous le voile de la gaieté et de la galanterie, les déchiremens du remords et de la honte, sa colère et sa soif de vengeance. Il imposa silence au peuple par ses gestes et ses regards; mais, au lieu de retourner auprès de Sa Majesté, il s'enveloppa de son manteau, et, se mêlant à la foule, il resta en quelque sorte un spectateur obscur de la mascarade. Merlin, s'étant avancé au milieu de la salle, fit un signe avec sa baguette magique aux chefs des bandes rivales de s'assembler autour de lui, et leur annonça par un discours en vers que l'île de la Grande-Bretagne était maintenant gouvernée par une vierge royale à laquelle les destins leur ordonnaient de rendre hommage, et d'attendre d'elle seule une décision sur les titres que chacun d'eux cherchait à faire valoir pour être reconnu la souche première dont les habitans actuels de l'île, sujets de cette princesse angélique, tiraient leur origine.

Dociles à cet ordre, les différentes bandes se mirent en marche au son d'une musique grave et harmonieuse, et passèrent successivement devant Élisabeth, lui offrant, lorsqu'elles étaient devant son trône, les hommages les plus respectueux, à la manière des nations qu'elles représentaient. Elle les recevait avec la même grace et la même courtoisie qui avait distingué toutes ses actions depuis son arrivée à Kenilworth.

Les chefs des différens quadrilles alléguèrent alors, chacun pour les siens, les raisons qui leur donnaient droit à la prééminence; et lorsque Élisabeth les eut tous entendus, elle leur fit cette gracieuse réponse : — Elle était fâchée, dit-elle, de ne pas être mieux instruite pour décider la difficile question que le fameux Merlin lui avait proposée; mais il lui semblait qu'une seule de ces nations ne pouvait prétendre à la prééminence sur les autres, pour avoir le plus contribué à former les Anglais qu'elle gouvernait, puisque son peuple semblait avoir reçu de chacune d'elles quelques-unes des nobles qualités de son caractère national : —Ainsi, ajouta-t-elle, l'Anglais doit aux anciens Bretons son courage et son indomptable passion pour la liberté; aux Romains, sa valeur disciplinée dans la guerre, son goût pour les lettres, et sa civilisation dans la paix; aux Saxons, ses lois sages et équitables; aux chevaliers normands, sa courtoisie et son généreux amour pour la gloire.

Merlin répondit sans hésiter — qu'il était en effet nécessaire que toutes ces vertus et toutes ces qualités se trouvassent réunies chez les Anglais, pour les rendre la plus parfaite des nations, et la seule digne de la félicité dont elle jouissait sous le règne d'Élisabeth d'Angleterre.

La musique se fit alors entendre, et les quadrilles ainsi que Merlin et sa suite commençaient à se retirer lorsque Leicester, qui était à l'extrémité de la salle, et qui par conséquent se trouvait engagé dans la foule, se sentit tiré par son manteau, pendant que quelqu'un lui disait à l'oreille : — Je désire avoir avec vous sans délai un moment d'entretien.

CHAPITRE XXXIX.

» Que se passe-t-il donc dans mon cœur agité ?
» Pourquoi du moindre bruit est-il épouvanté? »
SHAKSPEARE. *Macbeth.*

— Je désire un entretien avec vous. — Ces mots étaient simples en eux-mêmes, mais lord Leicester était dans cet état d'agitation où l'esprit troublé voit dans les circonstances les plus ordinaires un côté mystérieux et alarmant; il se retourna avec vivacité pour examiner la personne qui les avait prononcés.

L'extérieur de cet individu n'avait rien de remarquable; il était vêtu d'un pourpoint et d'un manteau court de soie noire, et sa figure était couverte d'un masque noir de même étoffe. Il paraissait avoir fait partie de la foule de masques qui étaient entrés dans la salle à la suite de Merlin, quoique son déguisement n'eût rien de l'extravagance qui distinguait tous les autres.

— Qui êtes-vous ? et que me voulez-vous ? dit Leicester, non sans trahir par l'accent de sa voix l'agitation de son ame.

— Je ne vous veux aucun mal, milord; au contraire, vous verrez que mes intentions ne peuvent que vous être avantageuses et honorables, si vous savez les apprécier. Mais il faut que je vous parle en particulier.

— Je ne puis parler avec un inconnu qui ne se nomme point, répondit Leicester, commençant à concevoir des craintes vagues sur la demande de cet étranger; et ceux qui sont connus de moi doivent prendre un moment plus opportun pour me demander une entrevue.

Il voulait s'éloigner; mais le masque l'arrêta.

— Ceux qui parlent à Votre Seigneurie de ce qui intéresse son honneur ont des droits sur vos momens, quelques occupations que vous soyez forcé de quitter pour les écouter.

— Comment, mon honneur ? Qui ose le mettre en doute? dit Leicester.

— Votre conduite, milord, pourrait seule donner des motifs de l'accuser, et c'est à ce sujet que je désirais vous parler.

— Vous êtes un insolent, dit Leicester; vous abusez de la licence de ce temps d'hospitalité qui m'empêche de vous punir. Quel est votre nom ?

— Edmond Tressilian de Cornouailles, répondit le masque; ma langue a été liée par une promesse pendant vingt-quatre heures. Ce délai est écoulé... Je puis parler maintenant, et c'est par égard pour Votre Seigneurie que je m'adresse d'abord à elle.

L'étonnement qui pénétra Leicester jusqu'au fond du cœur lorsqu'il entendit prononcer ce nom par l'homme qu'il détestait le plus, et par lequel il se croyait si cruellement outragé, le rendit un instant immobile ; mais sa stupeur fit place sur-le-champ à un besoin de vengeance aussi impérieux que la soif du voyageur dans le désert. Cependant il lui resta assez d'empire sur lui-même pour ne pas percer le cœur du scélérat audacieux qui, après l'avoir réduit au désespoir, osait, avec tant d'effronterie, venir essayer jusqu'où pouvait aller sa patience. Déterminé à cacher pour le moment toute apparence d'agitation, afin de saisir les desseins de Tressilian dans toute leur étendue et d'assurer sa vengeance, il répondit d'une voix que la colère concentrée rendait presque inintelligible :

— Que demande de moi M. Tressilian ?

— Justice, répondit Tressilian d'un ton calme, mais avec fermeté.

— Justice ! dit Leicester ; tous les hommes y ont droit. Vous surtout, M. Tressilian, plus que tout autre ; soyez sûr que justice vous sera faite.

— Je n'attendais pas moins de la noblesse de votre caractère, dit Tressilian, mais le temps presse ; il faut que je vous parle cette nuit même. Puis-je aller vous trouver dans votre appartement ?

— Non, dit Leicester d'un air farouche, ce n'est ni dans une maison, ni surtout dans la mienne, que nous devons nous voir ; c'est sous la voûte des cieux.

— Vous êtes troublé ou irrité, milord, reprit Tressilian ; je ne vois rien cependant qui puisse exciter votre colère ; le lieu de notre rendez-vous m'est indifférent, pourvu que vous m'accordiez une demi-heure sans interruption.

— Un temps plus court suffira, je l'espère, répondit

Leicester; trouvez-vous dans *la Plaisance* dès que la reine se sera retirée dans ses appartemens.

— Il suffit, dit Tressilian; et il s'éloigna, laissant Leicester dans une sorte de transport qui semblait remplir son ame entière pour le moment.

— Le ciel, disait-il, se montre enfin propice à mes vœux; il livre à ma vengeance le misérable qui a imprimé sur mon nom un affront ineffaçable, qui m'a fait éprouver des transes si cruelles. Je ne dois plus me plaindre de mes destinées, qui me donnent le moyen de découvrir les ruses par lesquelles il croit encore m'en imposer; je saurai dévoiler et châtier à la fois sa scélératesse. Il faut que je retourne reprendre mon joug; il sera léger pour moi maintenant, car à minuit au plus tard sonnera l'heure de ma vengeance.

Au milieu de ces réflexions qui assiégeaient l'esprit de Leicester, il traversa de nouveau la foule, qui s'entr'ouvrit devant lui, et reprit sa place à côté de la reine, envié et admiré de tout le monde. Mais si le cœur de celui que tous enviaient eût pu être dévoilé à cette nombreuse assemblée, si l'on eût pu découvrir les sombres pensées de sa coupable ambition, de son amour trahi, de sa vengeance terrible, et le projet d'un cruel attentat, se succédant alternativement comme les spectres dans le cercle d'une infernale magicienne, quel eût été, depuis le plus ambitieux courtisan jusqu'au serviteur le plus obscur, quel eût été celui qui aurait désiré changer de place avec le favori d'Élisabeth, le seigneur de Kenilworth?

De nouveaux tourmens l'attendaient près de la reine.

— Vous arrivez à temps, milord, dit-elle, pour prononcer sur une dispute qui s'est élevée entre nos dames. Sir Richard Varney vient de nous demander la permission de quitter le château, avec son épouse malade, se disant assuré de l'agrément de Votre Seigneurie, pourvu qu'il puisse obtenir le nôtre. Certes, notre intention n'est pas de l'empêcher de donner ses soins affectueux à cette pauvre jeune femme; mais il faut que vous sachiez que sir Richard s'est montré aujourd'hui tellement épris des charmes de nos dames que voici notre duchesse de Rutland qui prétend qu'il ne conduira sa femme que jusqu'au lac, où il la jettera pour qu'elle aille habiter les palais de cristal dont nous a parlé la nymphe enchantée, et qu'il viendra ensuite, veuf et content, sécher ses larmes et réparer sa perte avec les dames de notre suite. Qu'en dites-vous, milord? Nous avons vu Varney sous trois ou quatre déguisemens différens. Mais vous qui le connaissez tel qu'il est en effet, pensez-vous qu'il soit assez méchant pour traiter sa femme d'une manière aussi cruelle?

Leicester était confondu, mais le danger était urgent, et une réponse absolument nécessaire. — Ces dames, dit-il, pensent trop légèrement de leur sexe si elles supposent qu'une femme puisse mériter un pareil sort, ou trop sévèrement du nôtre si elles pensent qu'un homme puisse infliger à une femme innocente un pareil châtiment.

— Entendez-le, mesdames, reprit Élisabeth; comme le reste des hommes, il cherche à justifier leur cruauté à notre égard en nous accusant d'inconstance.

— Ne dites pas *nous*, madame, répliqua le comte; je dis que les femmes ordinaires, comme les planètes d'un ordre inférieur, ont leurs révolutions et leurs phases;

mais qui osera accuser le soleil de mutabilité, ou Élisabeth d'inconstance?

La conversation prit peu de temps après une direction moins dangereuse, et Leicester continua à y prendre une part active, malgré les angoisses de son ame. Élisabeth trouva cet entretien si agréable que la cloche du château avait sonné minuit avant qu'elle se fût retirée, circonstance rare dans ses habitudes régulières. Son départ fut le signal de la séparation générale. Chacun se rendit à son appartement pour songer aux réjouissances du jour, ou pour jouir par anticipation de celles du lendemain.

L'infortuné seigneur de Kenilworth, l'hôte magnifique qui donnait ces superbes fêtes, se retira pour s'occuper de soins bien différens. Il ordonna au valet qui le suivait de faire venir Varney sur-le-champ. Le messager revint quelque temps après; il lui apprit que Varney avait quitté le château depuis une heure, et qu'il était sorti par la poterne avec trois autres personnes, dont l'une était enfermée dans une litière.

— Comment a-t-il pu sortir du château après que la garde a été placée? Je croyais qu'il ne partirait qu'à la pointe du jour.

— Il a donné à la garde des raisons satisfaisantes, répondit le domestique, et, à ce que j'ai entendu dire, il a montré l'anneau de Votre Seigneurie.

— C'est la vérité, dit le comte, mais il s'est trop pressé. Est-il resté ici quelqu'un de sa suite?

— On n'a pu trouver Michel Lambourne, milord, répondit le valet, lorsque sir Richard Varney allait partir; et son maître était fort irrité de son absence. Je viens de le voir à l'instant occupé à seller son cheval pour courir après son maître à toute bride.

— Dites-lui de venir ici sur-le-champ, dit Leicester; j'ai un message pour son maître.

Le domestique sortit; Leicester se promena pendant quelque temps dans l'appartement, livré à une rêverie profonde.

— Varney est trop zélé, dit-il; il m'est attaché, je pense; mais il a aussi ses propres desseins, et il est inexorable lorsqu'il s'agit de les faire réussir. Si je m'élève, il s'élève; il ne s'est déjà montré que trop empressé à m'affranchir de l'obstacle qui me ferme le chemin de la royauté! Cependant je ne veux pas m'abaisser jusqu'à supporter cet affront. Elle sera punie, mais après y avoir réfléchi plus mûrement. Je sens déjà même par anticipation que des mesures trop précipitées allumeraient dans mon cœur les feux de l'enfer. Non, pour le moment, une première victime suffit, et cette victime m'attend.

Il prit une plume, de l'encre et du papier, et traça ces mots en toute hâte :

« SIR RICHARD VARNEY,

« Nous avons résolu de différer l'affaire confiée à vos
» soins, et nous vous enjoignons expressément de ne
» pas aller plus loin pour ce qui regarde notre comtesse,
» sans nos ordres ultérieurs. Nous vous commandons
» aussi de revenir à Kenilworth aussitôt que vous aurez
» placé en lieu de sûreté le dépôt qui vous a été remis;
» mais, dans le cas où ces soins vous retiendraient plus
» long-temps que nous l'imaginons, nous vous ordon-
» nons de nous renvoyer, par un prompt et fidèle mes-

» sager, notre anneau, dont nous avons besoin sur-le-
» champ. Nous attendons de vous l'obéissance la plus
» exacte, et, vous recommandant à la garde de Dieu,
» nous restons votre ami et bon maître,

« R. Leicester. »

Donné en notre château de Kenilworth, le dixième jour de juillet, l'an de grace 1575.

Comme Leicester finissait et fermait cette lettre, Michel Lambourne, botté jusqu'aux hanches, portant son manteau de cavalier attaché autour de lui par une large ceinture, et sur la tête un chapeau de feutre semblable à celui d'un courrier, entra dans son appartement, sous la conduite du valet.

— En quelle qualité sers-tu? dit le comte.

— En qualité d'écuyer du grand écuyer de Votre Seigneurie, répondit Lambourne avec son assurance ordinaire.

— Trève à ton impertinence, dit Leicester; les plaisanteries que tu peux te permettre devant sir Richard Varney ne sauraient me convenir : dans combien de temps pourras-tu atteindre ton maître?

— Dans une heure, milord, si le cavalier et le cheval tiennent bon, dit Lambourne, passant subitement d'un maintien presque familier à celui du plus profond respect.

Le comte le mesurait des yeux attentivement : — J'ai entendu parler de toi, ajouta-t-il; on dit que tu es actif dans ton service, mais trop adonné au vin et trop querelleur pour qu'on puisse te confier rien d'important.

— Milord, dit Lambourne, j'ai été soldat, marin,

voyageur et aventurier. Ce sont des métiers dans lesquels on jouit du temps présent, parce qu'on n'est jamais sûr du lendemain. Mais, quoique j'aie pu mal employer mes propres loisirs, je n'ai jamais oublié ce que je dois à mon maître.

— Fais que je m'en aperçoive en cette occasion, et tu t'en trouveras bien. Remets cette lettre promptement et soigneusement dans les mains de sir Richard Varney.

— Ma commission ne s'étend pas au-delà? dit Lambourne.

— Non, répondit le comte; mais je mets la plus grande importance à ce qu'elle soit exécutée avec zèle et promptitude.

— Je n'épargnerai ni mes soins ni mon cheval, répondit Lambourne; et il se retira immédiatement. — Ainsi voilà à quoi aboutit cette audience secrète qui m'avait fait concevoir tant d'espérance, murmura-t-il en traversant la longue galerie et en descendant par l'escalier dérobé. Mort de ma vie! je pensais que le comte avait besoin de mon assistance pour quelque intrigue secrète, et voilà qu'il me donne une lettre à porter! Cependant, qu'il en soit suivant son plaisir; et, comme Sa Seigneurie le dit fort bien, ceci pourra m'être utile pour une autre fois. L'enfant rampe avant de marcher, et c'est ainsi que doit faire un apprenti courtisan; mais donnons un coup d'œil à cette lettre, qu'il a fermée si négligemment. Ayant accompli son dessein, il frappa des mains dans son ravissement, en s'écriant : — Notre comtesse! notre comtesse! j'ai découvert un secret qui va faire ma fortune ou me perdre. Mais avance, Bayard, ajouta-t-il en conduisant son cheval dans la cour;

avance, car mes éperons et tes flancs vont renouveler connaissance dans l'instant.

Lambourne monta donc à cheval, et quitta le château par la poterne, où on le laissa passer en conséquence des ordres que sir Richard Varney avait laissés à cet effet.

Aussitôt que Lambourne et le domestique eurent quitté l'appartement, Leicester changea ses vêtemens magnifiques contre d'autres plus simples, s'enveloppa de son manteau, et, prenant à la main une lampe, descendit par le passage secret à une petite porte qui donnait sur la cour, près de l'entrée de *la Plaisance*. Ses réflexions avaient un caractère plus calme et plus décidé qu'elles ne l'avaient eu depuis long-temps, et il chercha à prendre, même à ses propres yeux, le rôle d'un homme plus offensé que coupable.

— J'ai souffert le plus grand des outrages ! — tel était le sens de ses méditations ; — et cependant j'ai refusé d'en tirer la vengeance immédiate qui était en mon pouvoir, pour me restreindre à celle de l'honneur. Mais faudra-t-il que l'union profanée en un jour par cette femme perfide m'enchaîne pour jamais, et m'arrête dans la noble carrière à laquelle mes destinées m'appellent? Non, il y a d'autres manières de briser de pareils liens sans attenter aux jours de celle qui m'a trahi. Devant Dieu je suis affranchi de l'union qu'elle-même a détruite. Nous serons séparés par des royaumes; les mers rouleront entre nous, et les vagues, qui ont englouti dans leurs abîmes des flottes entières, seront seules les dépositaires de ce funeste secret.

C'était par des raisonnemens de cette nature que Leicester cherchait à concilier sa conscience avec un plan de vengeance adopté si précipitamment, et avec ses desseins ambitieux, devenus tellement inséparables de tous ses desseins et de toutes ses actions qu'il n'était plus en son pouvoir de se résoudre à les abandonner. Sa vengeance prit à ses yeux une couleur de justice, et même de générosité et de modération.

Dans cette disposition d'esprit, l'ambitieux et vindicatif Leicester entra dans la magnifique enceinte de *la Plaisance*, éclairée par la lune dans tout son éclat. Ses rayons brillans étaient réfléchis de toutes parts sur la pierre de taille blanchâtre dont les balustrades et les autres ornemens d'architecture étaient construits. On ne pouvait apercevoir dans le ciel d'azur le plus léger nuage; de sorte que le tableau qu'il avait sous les yeux était presque aussi visible que si le soleil n'eût fait que de quitter l'horizon ; les nombreuses statues de marbre blanc paraissaient, au milieu de cette lumière pâle, comme autant de spectres sortant du tombeau avec leurs linceuls. Les fontaines lançaient dans les airs leurs brillans jets d'eau, qui retombaient dans leurs bassins en une pluie argentée par les rayons de la lune. La chaleur du jour avait été brûlante, la douce brise de la nuit soupirait le long de la terrasse avec un souffle aussi léger que celui de l'éventail qu'agite une jeune beauté. Les rossignols avaient construit de nombreuses demeures dans le jardin adjacent, et tous ces chanteurs des nuits d'été se consolaient du silence qu'ils avaient observé pendant le jour par d'inimitables concerts, dont les accords, tantôt vifs et joyeux, tantôt pathétiques, semblaient exprimer le ravissement que leur faisait éprouver le spectacle paisible et délicieux auquel ils ajoutaient le charme de leur voix mélodieuse.

Rêvant à tout autre chose qu'au bruit des eaux, à la clarté de la lune et aux chants du rossignol, Leicester se promenait à pas lents d'un bout de la terrasse à l'autre, enveloppé de son manteau, et son épée sous le bras, sans rien apercevoir qui ressemblât à une forme humaine.

—J'ai été dupe de ma générosité, dit-il, si j'ai souffert que le scélérat m'échappât, — et peut-être encore pour aller délivrer son amante adultère, qui est si faiblement escortée.

Tels étaient ses soupçons, qui s'évanouirent bientôt lorsqu'il aperçut un homme qui avançait lentement, après avoir franchi le portique, et dont l'ombre obscurcissait les objets devant lesquels il passait en s'approchant.

—Frapperai-je avant d'entendre encore le son de cette voix odieuse? pensa Leicester en saisissant la poignée de son épée.—Mais non, je veux savoir où tendent ses vils projets: quelque horreur qu'il me cause, j'observerai d'un œil calme les replis de ce reptile impur avant de me servir de ma force pour l'écraser.

Sa main quitta la garde de son épée, et il s'avança lentement vers Tressilian, rassemblant pour cette entrevue tout le sang-froid dont il était capable: un instant après ils se trouvèrent face à face l'un de l'autre.

Tressilian fit un profond salut, que le comte lui rendit par un signe de tête dédaigneux en lui disant:

—Vous vouliez me parler en secret, monsieur: me voici, j'écoute.

—Milord, dit Tressilian, ce que j'ai à vous communiquer m'intéresse si vivement, et je désire si ardemment trouver en vous une attention patiente, et même favorable, que je chercherai d'abord à me justifier de tout ce qui pourrait prévenir Votre Seigneurie contre moi : vous me croyez votre ennemi?

— N'en ai-je pas quelques motifs apparens? répliqua le comte, voyant que Tressilian attendait une réponse.

— Vous êtes injuste, milord; je suis ami du comte de Sussex, que les courtisans nomment votre rival; mais je ne suis ni sa créature ni son partisan, et je me suis aperçu depuis long-temps que les cours et leurs intrigues ne conviennent ni à mon caractère ni à mes idées.

— Sans doute, répondit Leicester; il est d'autres occupations plus dignes d'un savant de la réputation de M. Tressilian; l'amour a ses intrigues aussi bien que l'ambition.

— Je vois, milord, reprit Tressilian, que vous mettez trop d'importance à mon ancien attachement pour la malheureuse femme dont je dois vous parler, et peut-être pensez-vous que je viens défendre sa cause plutôt dans un esprit de rivalité que par un sentiment de justice.

— Quelles que soient mes idées à cet égard, monsieur, poursuivez. Jusqu'à présent, vous ne m'avez parlé que de vous ; c'est un sujet certainement très-grave et très-important, mais qui ne m'intéresse pas personnellement d'une manière assez sérieuse pour que j'abandonne mon repos pour m'en entretenir. Épargnez-moi de plus longs détours, monsieur, et dites ce que vous avez à dire, si en effet vous avez à me parler de choses qui me regardent. Quand vous aurez fini, j'ai en retour une communication à vous faire.

— Puisqu'il en est ainsi, je vais parler sans autre préambule, milord; et comme ce dont j'ai à vous entretenir touche de près votre honneur, je suis assuré que vous ne regarderez point comme perdu le temps que vous passerez à m'entendre. J'ai à demander compte à Votre Seigneurie de l'infortunée Amy Robsart, dont l'histoire ne vous est que trop connue. Je regrette de ne pas avoir pris ce moyen dès le commencement, et de ne pas vous avoir fait juge entre moi et le scélérat par lequel elle est outragée. Milord, elle est parvenue à s'affranchir d'une captivité illégale; sa vie était en danger, elle a espéré que ses représentations produiraient quelque effet sur son indigne époux; elle m'avait arraché la promesse de ne point chercher à la défendre jusqu'à ce qu'elle eût employé tous ses efforts pour lui faire reconnaître ses droits!...

— Monsieur, dit Leicester, oubliez-vous à qui vous parlez?

— Je parle de son indigne époux, milord, et mon respect ne peut trouver un langage moins sévère. Cette malheureuse femme est soustraite à mes regards, et séquestrée dans quelque endroit secret de ce château, si elle n'est pas déjà enfermée dans quelque retraite plus convenable à l'exécution d'un projet criminel. Cela doit cesser, milord; je parle en vertu de l'autorité que je tiens de son père; ce fatal mariage doit être publié et prouvé en présence de la reine; Amy doit être affranchie de toute contrainte, elle doit librement disposer d'elle-même; permettez-moi d'ajouter que l'honneur de personne n'est aussi intéressé que celui de Votre Seigneurie à ce qu'on fasse droit à de si justes demandes.

Le comte resta pétrifié de l'extrême sang-froid avec lequel l'homme dont il croyait avoir reçu le plus sanglant affront plaidait la cause de sa coupable amante, comme si elle eût été la plus innocente des femmes, défendue par un avocat désintéressé. Son étonnement n'était pas diminué par la chaleur que Tressilian semblait mettre à réclamer pour elle ses honneurs et le rang qu'elle avait dégradé, et les avantages qu'elle devait sans doute partager avec l'amant qui soutenait sa cause avec tant d'effronterie. Plus d'une minute s'était écoulée depuis que Tressilian avait cessé de parler, avant que le comte fût revenu de l'excès de sa stupeur; et si l'on considère les préventions dont son esprit était préoccupé, on ne sera pas surpris que sa colère l'emportât sur toute autre considération.

— Je vous écoute sans interruption, M. Tressilian, dit le comte, et je bénis Dieu d'avoir épargné jusqu'à ce jour à mes oreilles la douleur d'entendre la voix d'un scélérat aussi effronté. La verge du bourreau est un instrument qui conviendrait mieux pour vous châtier que l'épée d'un gentilhomme. Cependant, scélérat, mets-toi en garde; défends-toi!

En parlant ainsi, il laissa tomber son manteau, frappa Tressilian fortement du fourreau de son épée, et, la tirant sur-le-champ, se mit en devoir de l'assaillir. Sa violence avait d'abord jeté Tressilian dans une surprise pareille à celle que le comte avait montrée en l'écoutant. Mais cette surprise fit place au ressentiment, lorsque des injures si peu méritées furent suivies d'un coup qui écarta sur-le-champ toute autre idée que celle du combat. Tressilian tira aussitôt son épée, et, quoique se servant de cette arme moins adroitement que le comte, il était cependant assez fort pour soutenir le combat avec courage, d'autant mieux qu'il avait plus de sang-froid que Leicester, puisqu'il ne pouvait s'empêcher d'attribuer sa conduite à une véritable frénésie ou à l'influence de quelque inexplicable illusion.

Le combat continuait depuis plusieurs minutes sans qu'aucun des deux rivaux eût reçu de blessure, lorsque tout d'un coup on entendit des voix et des pas précipités sous le portique qui donnait sur la terrasse.

— Nous sommes interrompus, dit Leicester à son antagoniste ; suivez-moi.

Au même moment on entendit une voix qui disait : — Le coquin a raison ; ce sont des gens qui se battent.

Leicester conduisit Tressilian dans une espèce d'enfoncement, derrière une fontaine, qui servit à les cacher pendant que six yeomen de la garde de la reine passaient dans une allée de *la Plaisance;* et ils entendirent l'un des soldats qui disait aux autres : — Nous ne pourrons jamais les trouver ce soir au milieu de ces jets d'eau, de ces cages à écureuil et de ces trous de lapin ; mais si nous ne les rencontrons pas avant de parvenir à l'autre extrémité, nous reviendrons sur nos pas, et nous posterons une sentinelle à l'entrée de ce parterre, pour nous assurer de nos ferrailleurs jusqu'à demain.

— Belle besogne, vraiment, dit un autre : tirer l'épée si près de la résidence de la reine, et dans son propre palais, pour ainsi dire. Il faut que ce soient quelques brétailleurs pris de vin. Ce serait une pitié de les rencontrer. Leur faute emporte la peine d'avoir la main coupée, n'est-ce pas ? Ce serait cruel de perdre la main pour avoir touché une lame d'acier, qui va si bien au poignet.

— Tu es toi-même un querelleur, Georges, dit un autre ; mais fais y bien attention, la loi est telle que tu l'as dit.

— Oui, dit le premier, si l'on suit la loi dans toute sa rigueur, car ce château n'est pas le palais de la reine; il appartient à lord Leicester.

— S'il n'y a que cette considération en leur faveur, la peine pourrait être aussi sévère, dit un autre : car si notre gracieuse maîtresse est reine, comme elle l'est véritablement, grace à Dieu! lord Leicester n'est pas loin d'être roi.

— Tais-toi, coquin, dit un troisième, sais-tu si l'on peut t'entendre?

Ils continuèrent leur chemin, faisant une espèce de perquisition négligente, et beaucoup plus occupés en apparence de leur conversation que du soin de découvrir les perturbateurs nocturnes.

Dès qu'ils eurent quitté la terrasse, Leicester, faisant signe à Tressilian de le suivre, s'échappa sous la direction opposée à celle que les soldats avaient prise, et traversa le portique sans être aperçu. Il conduisit Tressilian à la tour de Mervyn, où il avait alors repris son logement, et lui dit avant de le quitter :

— Si tu as assez de courage pour terminer ce combat ainsi interrompu, tiens-toi près de moi, lorsque la cour sortira demain; nous trouverons un moment, et je te donnerai le signal quand il en sera temps.

—Milord, dit Tressilian, dans une autre circonstance j'aurais pu vous demander le motif de cette étrange fureur qui vous anime contre moi; mais l'insulte que vous m'avez faite ne peut être effacée que par le sang, et fussiez-vous parvenu au rang le plus élevé auquel votre ambition aspire, je vengerais mon honneur outragé.

Ce fut ainsi qu'ils se séparèrent; mais les aventures de la nuit n'étaient point encore terminées pour Leicester. Il fut obligé de passer par la tour de Saint-Lowe, afin de gagner le passage secret qui conduisait à son appartement, et il rencontra lord Hunsdon avec une épée nue sous le bras.

— Et vous aussi, milord, dit le vieux capitaine, vous avez été éveillé par cette alerte...? Voilà qui va bien : de par tous les diables! les nuits sont aussi bruyantes que les jours dans votre château. Il n'y a pas deux heures que j'ai été éveillé par les cris de cette pauvre folle de lady Varney que son époux emmenait de force. Je vous promets qu'il a fallu vos ordres et ceux de la reine pour m'empêcher de me mêler de cette affaire, et de briser les côtes de votre favori. Maintenant voilà des querelles et des combats dans *la Plaisance*... Comment appelez-vous cette terrasse pavée, où sont toutes ces fanfreluches?

La première partie du discours du vieillard fut pour le comte un coup de poignard. Il répondit qu'il avait entendu le bruit des épées, et qu'il était descendu pour mettre à l'ordre les insolens qui avaient l'audace de se battre si près de la reine.

— Puisqu'il en est ainsi, dit Hunsdon, j'espère que Votre Seigneurie m'accompagnera.

Leicester fut obligé de retourner à *la Plaisance* avec le vieux lord; là Hunsdon apprit des hommes de la garde, qui étaient sous ses ordres immédiats, les recherches inutiles qu'ils avaient faites pour découvrir les auteurs de cette alarme. Il les régala d'imprécations pour leurs peines, et les traita de paresseux et de vauriens.

Leicester jugea aussi convenable de paraître fort courroucé de l'inutilité de leurs perquisitions; mais à la fin il donna à entendre à lord Hunsdon qu'après tout ce ne pouvait être qu'un ou deux jeunes gens qui avaient bu outre mesure, et qui étaient suffisamment punis par la frayeur qu'ils avaient dû éprouver en se voyant ainsi poursuivis.

Hunsdon, qui lui-même aimait assez la bouteille, convint que le vin devait excuser une grande partie des sottises qu'il causait. — Mais, ajouta-t-il, à moins que Votre Seigneurie ne montre un peu moins de libéralité dans l'ordonnance de sa maison, et ne mette ordre à la distribution du vin, de l'ale et des liqueurs, je vois que pour en finir je serai obligé de loger dans le donjon quelques-uns de ces braves garçons, et de les régaler avec les verges; et sur cela je vous souhaite une bonne nuit.

Content de s'en voir débarrassé, Leicester prit congé de lui à l'entrée de son logement, où ils s'étaient rencontrés; et, revenant ensuite dans le passage dérobé, il reprit la lampe qu'il y avait déposée et dont la lueur le guida jusqu'à son appartement.

CHAPITRE XL.

« Gare! de mon cheval je ne serai plus maître,
» S'il voit si près de lui quelque prince paraître:
» Car, pour vous dire en vers la pure vérité,
» Par son illustre mère il était allaité,
» Lorsque, dans son château fier de voir une reine,
» Le noble Leicester féta sa souveraine. »

BEN JONSON. *Les Hiboux masqués.*

Le divertissement qu'on préparait à Élisabeth et à sa cour pour le jour suivant était un combat entre les Anglais et les Danois, que devaient représenter les fidèles et courageux habitans de Coventry, conformément à un usage long-temps conservé dans leur antique bourg, et dont les vieilles chroniques garantissent l'authenticité.

Les citoyens, divisés en deux troupes, Saxons et Danois, retraçaient en vers grossiers, accompagnés de coups assez rudes, les querelles de ces deux braves nations et le courage magnanime des amazones anglaises, qui, d'après l'histoire, eurent la plus grande part au massacre général des Danois, qui eut lieu dans la saison de l'été (1), en l'an de grace 1012. Ce divertissement, qui fut long-temps le passe-temps favori des habitans de Coventry, avait, à ce qu'il paraît, été interdit par le rigorisme de quelques ministres d'une secte puritaine, qui se trouvèrent avoir beaucoup d'influence sur les magistrats. Mais presque tous les habitans du bourg avaient adressé des pétitions à la reine pour qu'on leur rendît leur amusement national, et pour obtenir la permission de le renouveler devant Sa Majesté. Quand on agita cette question dans le conseil privé, qui suivait ordinairement la reine pour expédier les affaires, la demande des habitans de Coventry, quoique désapprouvée par quelques-uns des membres les plus sévères, trouva grace devant Élisabeth. Elle dit que des plaisirs de ce genre occupaient d'une manière innocente beaucoup de gens qui, s'ils en étaient privés, pourraient employer leurs loisirs à des jeux plus pernicieux; et que les prédicateurs, quelque recommandables qu'ils fussent par leur science et leur sainteté, déclamaient avec trop d'amertume contre les passe-temps de leurs ouailles.

Les habitans de Coventry eurent ainsi gain de cause. En conséquence, après un repas que maître Laneham appelle un *déjeuner d'ambroisie*, les principaux personnages de la cour à la suite de Sa Majesté se rendirent en foule à la tour de la Galerie, pour être spectateurs de l'approche des deux troupes ennemies, anglaise et danoise.

(1) La fête anniversaire était célébrée le 14 juin. — Éd.

A un signal donné, la barrière du parc fut ouverte pour les recevoir. Ils entrèrent tous ensemble, fantassins et cavaliers, car les plus ambitieux parmi les bourgeois et les laboureurs étaient vêtus de costumes bizarres, imitant ceux des chevaliers, afin de représenter la noblesse des deux nations. Cependant, pour prévenir les accidens, on ne leur permit pas de paraître sur de véritables coursiers ; seulement ils pouvaient se munir de ces chevaux de bois qui donnaient anciennement à la danse moresque ses principaux attraits, et qu'on voit de nos jours paraître encore sur le théâtre, dans la grande bataille qui termine la tragédie de M. Bayes (1). L'infanterie suivait avec des accoutremens non moins singuliers. Toute cette parade pouvait être considérée comme une espèce d'imitation burlesque de ces spectacles plus splendides dans lesquels la noblesse jouait un rôle et imitait aussi fidèlement que possible les personnages qu'elle voulait représenter. La fête dont nous parlons avait un aspect tout différent, les acteurs étant des personnes d'un rang inférieur, et qui se piquaient tous d'avoir les costumes les plus bizarres et les plus fantasques. Aussi leurs accoutremens, que la crainte de trop retarder le cours de notre histoire ne nous laisse pas le loisir de décrire, étaient assez ridicules ; et leurs armes, quoique capables de porter des coups vigoureux, n'étaient que de longues perches au lieu de lances, et des bâtons au lieu de sabres. Quant aux armes défensives, la cavalerie et l'infanterie étaient pourvues de casques solides et de boucliers d'un cuir épais.

L'ingénieux ordonnateur de la fête était le capitaine

(1) Voyez le *Rehearsal* (*la Répétition*) du fameux Villiers, duc de Buckingham. — Éd.

Coxe, ce célèbre original de Coventry, dont le recueil de ballades, d'almanachs, et de petites histoires reliées en parchemin et fermées par un bout de ficelle, est encore si recherché des antiquaires. Il s'avançait bravement sur son cheval, à la tête des bandes anglaises : il avait l'air fier, dit Laneham, et brandissait son long sabre comme il convenait à un guerrier expérimenté qui avait servi sous le père de la reine, le roi Henry, au siège de Boulogne. Ce général fut par conséquent le premier à entrer dans la carrière ; il passa près de la galerie, à la tête de ses compagnons, et baissant respectueusement devant la reine la poignée de son épée, il exécuta au même moment une courbette telle que n'en avait jamais fait encore cheval de bois à deux jambes.

Il défila ensuite avec toute sa troupe de fantassins et de cavaliers, et les rangea habilement en ordre de bataille à l'extrémité du pont, attendant que ses antagonistes fussent préparés pour le combat.

Il n'y eut pas long-temps à attendre ; car les Danois, infanterie et cavalerie, nullement inférieurs aux Anglais en nombre et en courage, arrivèrent presque au même moment ; à leur tête marchait la cornemuse du nord, instrument national, et ils obéissaient aux ordres d'un chef habile, qui ne le cédait qu'au capitaine Coxe dans la guerre, si toutefois il n'était pas son égal. Les Danois, en qualité d'agresseurs, se postèrent sous la tour de la Galerie, en face de celle de Mortimer ; et lorsqu'ils eurent bien pris toutes leurs mesures, on donna le signal du combat.

Dans la première charge, les combattans se montrèrent assez modérés ; car les deux partis avaient la crainte de se voir repoussés jusque dans le lac ; mais à mesure que des renforts arrivaient, l'escarmouche devint une bataille furieuse. Ils se précipitèrent les uns sur les autres, ainsi que l'affirme maître Laneham, comme des béliers *enflammés par la jalousie;* ils se heurtaient avec tant de fureur que les adversaires se renversaient souvent l'un l'autre, et les sabres de bois et leurs boucliers se rencontraient avec un bruit terrible; dans plusieurs occasions il arriva ce que redoutaient les guerriers les plus expérimentés : les balustrades qui protégeaient les côtés du pont n'avaient été, peut-être à dessein, que légèrement assurées; elles cédèrent aux efforts des combattans qui se heurtaient les uns les autres, de manière que le courage du plus grand nombre se trouva suffisamment refroidi par le bain qu'ils prirent.

Ces accidens auraient pu devenir plus sérieux qu'il n'eût été convenable dans un engagement de cette nature; car plusieurs des champions qui essuyèrent ce désagrément ne savaient pas nager, et les autres se trouvaient embarrassés de leurs armures de toutes pièces en cuir et en carton; mais on avait prévu le cas, et il y avait plusieurs bateaux tout prêts à accueillir les infortunés guerriers et à les débarquer sur terre ferme. Là, mouillés et découragés, ils se consolaient avec l'ale chaude et les liqueurs fortes qu'on leur versait libéralement, et ils ne témoignaient plus aucun désir de recommencer un combat si dangereux.

Le capitaine Coxe seul, après avoir deux fois été précipité, lui et son cheval, du pont dans le lac, mais capable de braver tous les périls où se sont jamais trouvés les héros favoris de la chevalerie, tels que les Amadis, Bélianis, Bévis, et même son propre Guy de

Warwick (1), le capitaine Coxe lui seul, nous le répétons, après deux semblables mésaventures, se précipita de nouveau dans le plus épais de la mêlée; ses vêtemens et la housse de son cheval de bois étaient complètement trempés; cependant deux fois il ranima par sa voix et son exemple le courage des Anglais qui fléchissaient; de sorte qu'à la fin leur victoire sur les Danois devint, selon toute justice et convenance, complète et décisive. Il était bien digne d'être immortalisé par la plume de Ben Jonson, qui, cinquante ans après, trouva qu'un *masque* joué à Kenilworth ne pouvait être représenté sans l'ombre du capitaine Coxe sur son redoutable coursier de bois.

Ces amusemens champêtres et un peu grossiers pourraient ne pas s'accorder avec l'idée que le lecteur s'est formée d'un divertissement représenté devant cette Élisabeth qui fit fleurir les lettres pendant son règne d'une manière si brillante, et devant une cour qui, gouvernée alors par une femme distinguée par le sentiment des convenances comme par son esprit et sa sagesse, se faisait remarquer par son raffinement et sa délicatesse.

Mais soit que, par politique, Élisabeth voulût paraître prendre part aux amusemens populaires, soit que son père Henry VIII lui eût transmis quelques-uns de ses goûts, il est certain qu'elle rit de bon cœur de la manière dont les gens de Coventry retraçaient, ou plutôt parodiaient les mœurs chevaleresques. Elle appela auprès d'elle le comte de Sussex et le lord Hunsdon, dans le dessein peut-être de dédommager le premier des

---

(1) C'est-à-dire le *Guy de Warwick*, dont il avait une édition ancienne dans sa bibliothèque. — Éd.

longues audiences particulières qu'elle avait accordées au comte de Leicester; et elle engagea la conversation avec lui sur un passe-temps plus convenable à ses goûts que ces spectacles burlesques. Le plaisir que la reine semblait prendre à rire et à plaisanter avec ses généraux fournit à Leicester l'occasion qu'il attendait pour s'éloigner de la présence royale. Il choisit si bien son temps que cette démarche parut aux courtisans un effet de générosité, comme s'il eût voulu laisser à son rival un libre accès auprès de la personne de la reine, au lieu de profiter de ses droits comme maître absolu du château pour se placer continuellement entre sa souveraine et ses rivaux.

Leicester cependant songeait à tout autre chose qu'à se montrer rival si courtois; car dès qu'il vit que la reine conversait avec Sussex et Hunsdon, derrière lesquels se tenait sir Nicolas Blount, ouvrant la bouche d'une oreille à l'autre à chaque mot qu'on prononçait, il fit un signe à Tressilian, qui suivait de l'œil tous ses mouvemens.

Il s'avança du côté du parc, fendant des flots de spectateurs qui, la bouche entr'ouverte, admiraient la bataille des Anglais et des Danois. Lorsqu'il se fut dégagé de la foule, non sans quelque difficulté, il tourna la tête pour reconnaître si Tressilian avait été aussi heureux que lui, et, le voyant suivre de près, il se dirigea vers un petit bosquet où se trouvait un domestique avec deux chevaux sellés. Il sauta sur l'un, et fit signe à Tressilian de monter sur l'autre. Tressilian obéit sans proférer un seul mot.

Leicester piqua des deux, et galopa sans s'arrêter jusqu'à un lieu à l'écart, environné de chênes touffus, à la

18.

distance d'un mille du château, et d'un côté tout-à-fait opposé à celui où la curiosité attirait tous les spectateurs. Il mit alors pied à terre, attacha son cheval à un arbre, et prononçant seulement ces mots : — Ici nous ne courons pas risque d'être interrompus, il mit son manteau sur la selle, et tira son épée.

Tressilian imita son exemple, mais il ne put s'empêcher de dire : — Milord, tous ceux qui me connaissent savent que je ne crains pas la mort lorsque mon honneur est compromis. Je crois pouvoir sans bassesse demander, au nom de tout ce qui est honorable, pourquoi Votre Seigneurie a osé me faire un affront tel que celui qui nous place dans cette position l'un à l'égard de l'autre?

— Si vous n'aimez pas de pareilles marques de mon mépris, répondit le comte, mettez sur-le-champ l'épée à la main, de peur que je ne réitère le traitement dont vous vous plaignez.

— Il n'en est pas besoin, dit Tressilian. Que Dieu soit juge entre nous, et que votre sang retombe sur votre tête si vous périssez!

Il avait à peine fini sa phrase qu'ils se joignirent, et le combat commença.

Mais Leicester, qui possédait à fond la science de l'escrime, avait assez appris à connaître, la nuit précédente, la force et l'adresse de Tressilian pour combattre avec plus de prudence, et chercher une vengeance sûre plutôt que précipitée. Le combat durait depuis plusieurs minutes avec une adresse égale de part et d'autre, lorsque Tressilian, en portant un coup furieux que Leicester détourna heureusement, se mit dans une position désavantageuse. Le comte le désarma et le renversa par terre. Leicester sourit d'un air féroce en voyant la pointe de son épée à deux pouces de la gorge de son adversaire. Lui mettant le pied sur la poitrine, il lui ordonna de confesser les crimes infames dont il s'était rendu coupable envers lui, et de se préparer à la mort.

— Je n'ai à me reprocher ni crime ni infamie dans ma conduite à ton égard, répondit Tressilian, et je suis mieux préparé que toi à mourir. Use de ton avantage comme tu le voudras, et puisse Dieu te pardonner! Je ne t'ai donné aucun motif pour me poursuivre de ta haine.

— Aucun motif, s'écria le comte, aucun motif? Mais pourquoi discuter avec un être aussi vil? Meurs comme tu as vécu!

Il avait levé le bras dans le dessein de porter le coup fatal, lorsqu'il se sentit tout d'un coup saisir par derrière.

Le comte se tourna en fureur pour s'affranchir de cet obstacle inattendu, et vit, avec la plus grande surprise, qu'un jeune garçon d'un aspect singulier s'était emparé de son bras droit et s'y attachait avec une telle ténacité qu'il ne put s'en débarrasser sans des efforts considérables, qui donnèrent à Tressilian le temps de se relever et de reprendre son épée. Leicester revint sur lui avec la même rage dans les regards, et le combat aurait recommencé avec plus d'acharnement encore, si le jeune garçon ne se fût précipité aux genoux du comte, et ne l'eût conjuré, d'une voix aigre et perçante, de l'écouter un instant.

— Lève-toi, et laisse-moi, dit Leicester, ou, par le dieu du ciel, je vais te frapper de mon épée! Quel intérêt te pousse à me priver de ma vengeance?

— Un intérêt puissant, dit le jeune garçon sans s'intimider, puisque ma folie est la cause de cette sanglante querelle, et peut-être de malheurs plus terribles encore. Oh! si vous voulez jouir d'une conscience pure, si vous espérez dormir en paix, et à l'abri du tourment des remords, veuillez seulement parcourir cette lettre, et ensuite faites selon votre plaisir.

Parlant avec une énergie à laquelle sa voix et ses traits singuliers ajoutaient quelque chose de fantastique, il montra à Leicester une lettre fermée par une longue tresse de cheveux. Quelque aveuglé qu'il fût par la rage de se voir privé d'une manière si étrange du plaisir de la vengeance, un mouvement presque involontaire fit que le comte céda à la demande que lui faisait avec tant d'instances un être si extraordinaire. Il lui arracha la lettre des mains, pâlit en regardant l'adresse, délia d'une main tremblante le nœud qui l'attachait, et jetant les yeux sur ce qui y était écrit, il chancela, et il allait tomber à la renverse, s'il ne se fût appuyé contre un tronc d'arbre. Il y resta un instant, les yeux fixés sur la lettre, la pointe de son épée tournée contre terre, et sans paraître songer à la présence d'un ennemi auquel il avait montré un courroux si impitoyable, et qui aurait pu à son tour l'attaquer avec avantage. Mais Tressilian avait l'ame trop noble pour une pareille vengeance. Il était, comme le comte, immobile de surprise, attendant la fin de cette scène étrange, mais se tenant prêt à se défendre en cas de besoin contre quelque attaque inattendue de Leicester, qu'il soupçonnait de nouveau être en proie à une véritable frénésie. A la vérité il reconnut facilement dans le jeune garçon son ancienne connaissance Dick Sludge, dont la figure ne s'oubliait pas aisément lorsqu'on l'avait vue une fois ; mais il ne pouvait s'imaginer comment il était arrivé dans un moment si critique ; il ne comprenait pas davantage pourquoi il avait mis tant d'énergie à son intervention, et surtout comment elle avait pu produire un tel effet sur Leicester.

Mais la lettre seule eût suffi pour en produire de plus surprenans encore. C'était celle que la malheureuse Amy avait écrite à son époux, afin de lui exposer les motifs qui l'avaient forcée de fuir le château de Cumnor, et la manière dont elle avait exécuté son projet. Elle lui apprenait qu'elle s'était réfugiée à Kenilworth pour implorer sa protection, et lui détaillait les circonstances qui l'avaient conduite dans la chambre de Tressilian, le conjurant de lui désigner sans retard un asile plus convenable. Elle terminait par les protestations les plus solennelles d'un attachement inviolable et d'une soumission absolue à sa volonté en toutes choses ; demandant pour toute faveur de ne plus être livrée à la garde de Varney.

La lettre tomba des mains de Leicester lorsqu'il l'eut parcourue.—Prenez mon épée, Tressilian, dit-il, et percez-moi le cœur, comme je voulais percer le vôtre il n'y a qu'un moment !

— Milord, dit Tressilian, vous m'avez fait une grande injustice, mais une voix secrète au fond de mon cœur m'a toujours répété que ce devait être par quelque inconcevable méprise.

— Méprise fatale ! dit Leicester ; et il remit la lettre à Tressilian : on m'a fait prendre un homme d'honneur pour un scélérat, et un serviteur infidèle et dissolu a passé à mes yeux pour le meilleur des hommes. Misérable enfant, pourquoi cette lettre ne me parvient-elle qu'aujourd'hui? où s'est donc arrêté celui qui en était chargé?

— Je n'ose vous le dire, milord, repartit le jeune garçon en s'éloignant pour se mettre hors de sa portée, mais voici le messager.

Au même moment arriva Wayland; et, questionné par Leicester, il détailla toutes les circonstances de sa fuite avec Amy; les attentats qui avaient forcé cette infortunée à prendre la fuite, et le désir qu'elle avait toujours montré de se mettre sous la protection du comte. Il invoqua le témoignage des domestiques de Kenilworth, qui ne pouvaient pas avoir oublié les questions empressées qu'elle avait faites sur le comte de Leicester aussitôt après son arrivée.

— Les scélérats! s'écria le comte, et cet infame Varney, le plus scélérat de tous! et Amy est dans ce moment même en son pouvoir!

— Mais il n'a pas reçu, j'espère, dit Tressilian, des ordres funestes pour elle?

— Non, non, reprit le comte précipitamment; j'ai dit quelque chose dans un accès de rage, mais cet ordre a été pleinement révoqué par un courrier parti à la hâte; elle est maintenant... elle *doit* être en sûreté.

— Oui, dit Tressilian, elle *doit* être en sûreté, et je *dois* en être assuré. Ma querelle particulière est terminée avec vous, milord; mais j'en ai une autre à vider avec le séducteur d'Amy Robsart, qui a fait de l'infame Varney un manteau pour couvrir ses crimes.

— Le *séducteur* d'Amy! répliqua Leicester d'une voix terrible; dites son époux, son époux trompé, aveuglé, son indigne époux! Elle est comtesse de Leicester, je le jure sur ma parole de chevalier. Il n'est aucune sorte de justice que je ne sois prêt à lui rendre. Je n'ai pas besoin de dire que je ne crains pas les moyens dont vous pourriez vous servir pour m'y contraindre.

La générosité de Tressilian ne lui permit pas de s'arrêter à aucune considération personnelle, et toutes ses pensées se concentrèrent tout d'un coup sur le sort d'Amy Robsart. Il n'avait pas une confiance illimitée aux résolutions changeantes de Leicester, dont l'ame lui paraissait trop agitée pour se laisser gouverner par la froide raison; et, malgré les assurances du comte, il ne pouvait croire Amy hors de danger tant qu'elle serait entre les mains de ses créatures.

— Milord, dit-il avec calme, je n'ai point l'intention de vous offenser, et je suis loin de chercher une querelle; mais les devoirs que j'ai à remplir envers sir Hugh Robsart me forcent d'aller sur-le-champ instruire la reine de ce qui se passe, afin que le rang de la comtesse soit reconnu comme il doit l'être.

— Non, monsieur, répliqua le comte fièrement : ne soyez pas assez audacieux pour intervenir dans une affaire qui m'est personnelle; la voix seule de Dudley proclamera l'infamie de Dudley. Je vais tout déclarer à Élisabeth elle-même, et puis je vole à Cumnor-Place, aussi vite que s'il y allait de la vie.

En parlant ainsi il détacha son cheval, mit le pied à l'étrier, et courut vers le château à toute bride.

— Portez-moi avec vous, M. Tressilian, dit Flibbertigibbet en le voyant monter à cheval avec la même précipitation : mon histoire n'est pas encore finie; j'ai besoin de votre protection.

Tressilian consentit à sa demande, et suivit le comte

d'un pas moins rapide. Pendant le chemin, l'enfant lui avoua, avec toutes les marques d'un profond regret, que, s'étant imaginé avoir des droits à la confiance de Wayland, et piqué de la manière dont il éludait toutes ses questions au sujet de la dame qu'il avait accompagnée, il s'était vengé en lui dérobant la lettre qu'Amy lui avait remise pour le comte de Leicester. Son intention était de la lui restituer ce soir-là même, se croyant certain de le rencontrer, puisque Wayland devait jouer le rôle d'Arion dans le divertissement.

Il avait été un peu alarmé en voyant le nom que portait l'adresse; mais il avait réfléchi que Leicester ne devant revenir au château que dans la soirée, Wayland lui-même n'aurait pu la remettre plus tôt.

Mais Wayland ne parut plus, ayant été, comme nous l'avons dit, chassé du château par Lambourne; Flibbertigibbet, après l'avoir cherché en vain, et n'ayant pu trouver l'occasion de parler à Tressilian, commença à être fort inquiet sur les suites de son espiéglerie, en se voyant le détenteur d'une lettre adressée à un personnage aussi considérable que le comte de Leicester. La réserve, ou plutôt la crainte que Wayland avait laissé entrevoir à l'égard de Lambourne et de Varney, lui fit juger que la lettre devait être remise entre les mains du comte lui-même, et qu'il pouvait faire tort à la dame en la donnant à quelque domestique. Il avait inutilement tenté d'approcher de Leicester; les insolens valets auxquels il s'était adressé dans ce dessein l'avaient constamment repoussé, à cause de la singularité de ses traits et de la pauvreté de ses vêtemens.

Il avait été bien près de réussir lorsque, dans ses perquisitions, il avait trouvé dans la grotte la cassette qu'il savait appartenir à la malheureuse comtesse, pour l'avoir aperçue dans le voyage ; car rien n'échappait à son œil vigilant. Après avoir inutilement cherché à la remettre à Tressilian ou à la comtesse, il l'avait placée, comme nous l'avons vu, dans les mains de Leicester lui-même ; mais il ne l'avait malheureusement pas reconnu sous le déguisement qu'il portait alors.

Enfin Dick était sur le point de parvenir à son but, le soir de la mascarade ; mais, au moment où il allait aborder le comte, il avait été prévenu par Tressilian. Doué d'une finesse d'ouïe égale à celle de son esprit, Flibbertigibbet les avait entendus se donner un rendez-vous dans *la Plaisance*, et avait résolu d'ajouter un tiers à leur entretien. Il forma le dessein de les épier ; car il commençait à être inquiet sur le compte de la dame, d'après les bruits étranges qui déjà se répandaient parmi les domestiques.

Un incident imprévu l'empêcha de suivre le comte de près, et, lorsqu'il arriva sous le portique, il trouva aux prises les deux adversaires. Il se hâta aussitôt de donner l'alarme à la garde, se doutant bien que sa propre espièglerie devait être la cause de cette querelle, qui pouvait avoir des résultats funestes. Caché sous le portique, il entendit le second rendez-vous que Leicester donnait à Tressilian. En conséquence, il les avait épiés tous deux avec la plus grande attention, pendant le combat des gens de Coventry, lorsqu'à son grand étonnement il avait reconnu Wayland, déguisé avec grand soin, mais qui ne l'était pas assez pour tromper l'œil curieux de son ancien camarade. Ils sortirent de la foule pour s'expliquer sur leur position mutuelle. Dick avoua à Wayland tout ce que nous venons de raconter ; et l'artiste l'informa, à son tour, que sa profonde inquiétude sur le sort de la dame l'avait ramené près du château, aussitôt qu'on lui avait appris, dans un village situé à environ vingt milles, où il était dans la matinée, que Varney et Lambourne, dont il redoutait la violence, avaient tous deux quitté Kenilworth la nuit précédente.

Au milieu de leur conversation, ils virent Leicester et Tressilian se dégager de la foule; ils les suivirent jusqu'à l'endroit où ils montèrent à cheval. Ce fut alors que Dick, dont la légèreté est déjà connue de nos lecteurs, arriva assez à temps pour sauver la vie à Tressilian. L'enfant achevait son histoire lorsqu'ils descendirent à la tour de la Galerie.

CHAPITRE XLI.

> « Voyez-vous du soleil la flamme matinale
> » De la trompeuse nuit chasser l'obscurité?
> » Sur le mensonge ainsi prévaut la vérité. »
>
> *Ancienne comédie.*

Lorsque Tressilian traversa le pont qui venait d'être le théâtre d'un divertissement si tumultueux, il ne put s'empêcher de remarquer que l'expression de tous les visages avait singulièrement changé pendant sa courte absence. Le combat burlesque était terminé; mais les combattans, ayant encore leurs déguisemens, s'étaient formés en divers groupes, comme les habitans d'une ville qui vient d'être agitée par quelque nouvelle étrange et alarmante.

La cour extérieure lui offrit le même aspect. Les domestiques, les gens de la suite du comte, les officiers subalternes de la maison, étaient rassemblés, et se parlaient à voix basse, tournant sans cesse leurs regards vers les croisées de la grand'salle, d'un air à la fois inquiet et mystérieux.

La première personne de sa connaissance particulière que rencontra Tressilian fut sir Nicolas Blount, qui, sans lui laisser le temps de faire des questions, lui adressa ces paroles :

— Dieu te pardonne, Tressilian, tu es plus fait pour être bon campagnard que bon courtisan. Tu n'as pas l'empressement convenable à un homme de la suite de Sa Majesté. On te demande au château, on te désire, on t'attend; personne ne peut te remplacer dans cette affaire; et voici que tu arrives avec un marmot sur le cou de ton cheval, comme si tu étais la nourrice de quelque petit diable à la mamelle, auquel tu viens de faire prendre l'air.

— Comment ! qu'y a-t-il donc? dit Tressilian en lâchant l'enfant, qui s'élança à terre avec la légèreté d'une plume, et en descendant lui-même de cheval en même temps.

— Ma foi, personne ne sait ce dont il s'agit, répliqua Blount; je suis moi-même en défaut, quoique j'aie l'odorat aussi fin que qui que ce soit. Seulement milord de Leicester vient de traverser le pont en galopant comme s'il eût voulu tout écraser sur son passage; il a demandé une audience à la reine, et il est dans ce moment enfermé avec elle, ainsi que Burleigh et Walsingham : on t'a fait demander; mais personne ne sait s'il est question de trahison ou pire encore.

— Il dit vrai, de par le dieu du ciel, dit Raleigh qui parut en ce moment; il faut que vous vous rendiez sur-le-champ en présence de la reine.

— Point de précipitation, Raleigh, dit Blount; souviens-toi de ses bottes. Au nom du ciel, va-t'en à ma chambre, et mets mes bas de soie couleur de rose. Je ne les ai portés que deux fois.

— Fort bien, fort bien, répondit Tressilian; mais, mon cher Blount, prends soin de cet enfant, traite-le avec douceur, et veille à ce qu'il ne s'échappe pas; il peut être de la plus grande importance.

En parlant ainsi, il suivit Raleigh en toute hâte, laissant l'honnête Blount, qui, tenant Flibbertigibbet d'une main et la bride du cheval de son ami de l'autre, le suivit quelque temps des yeux.

— Personne, dit-il, ne m'appelle à ces mystères, et Tressilian me laisse ici jouer le rôle de palefrenier et de garde-enfant. Je puis passer sur le premier point, car j'aime naturellement un bon cheval; mais être tourmenté du soin d'une pareille créature! — D'où venez-vous, mon joli petit compère?

— Des marais, répondit l'enfant.

— Et qu'y as-tu appris, mon petit luron?

— A attraper des oies à larges pattes et à jambes jaunes.

— Peste! dit Blount en regardant les énormes rosettes de ses souliers, puisqu'il en est ainsi, le diable emporte celui qui te fera d'autres questions.

Pendant ce temps, Tressilian traversa le grand salon dans toute sa longueur. Il était rempli des groupes formés par les courtisans étonnés, qui chuchotaient d'un air mystérieux; tous avaient les yeux fixés sur l'entrée de l'appartement particulier de la reine. Raleigh montra la porte, Tressilian y frappa et fut admis sur-le-champ. Tous les assistans tendaient le cou pour pouvoir pénétrer de l'œil dans l'intérieur de l'appartement; mais la tapisserie qui couvrait la porte retomba trop soudainement pour que la curiosité pût se satisfaire.

En entrant, Tressilian se trouva, non sans éprouver une vive émotion, en présence d'Élisabeth. Elle se promenait à grands pas, en proie à une agitation violente, qu'elle semblait dédaigner de cacher, pendant que deux ou trois de ses conseillers les plus intimes échangeaient entre eux des regards inquiets, et attendaient pour parler que sa colère fût apaisée. Devant le fauteuil royal, où elle avait été assise et qui se trouvait écarté de sa place par la violence avec laquelle elle s'en était élancée, Leicester, à genoux, les bras croisés sur sa poitrine, les regards fixés vers la terre, était immobile et muet comme une statue sur un tombeau; à côté de lui, lord Shrewsbury, alors comte-maréchal d'Angleterre, tenait à la main le bâton de sa dignité. L'épée de Leicester, détachée du baudrier, était devant lui sur le plancher.

— Eh bien, monsieur! dit la reine en s'approchant de Tressilian, et frappant du pied avec le geste et l'air de Henry VIII lui-même, vous connaissez cette belle affaire; vous êtes complice de la déception dont nous sommes le jouet; vous avez vous-même été une des principales causes de l'injustice que nous avons commise.

Tressilian tomba à genoux devant la reine, son bon sens lui montrant le risque de chercher à se défendre dans un pareil moment d'irritation.

— Es-tu muet, Tressilian? continua-t-elle; tu connaissais cette intrigue; tu la connaissais, n'est-il pas vrai?

— J'ignorais, madame, que cette infortunée fût comtesse de Leicester.

—Et personne ne la reconnaîtra en cette qualité, dit Élisabeth. Mort de ma vie! Comtesse de Leicester! Dites dame Amy Dudley! heureuse si elle n'a pas sujet de signer : Veuve du traître Robert Dudley.

—Madame, dit Leicester, traitez-moi selon votre bon plaisir; mais ne punissez point ce gentilhomme, qui est entièrement innocent.

— De quoi lui servira ton intercession? dit la reine; et quittant Tressilian, qui se releva lentement, elle s'élança vers Leicester, qui restait toujours agenouillé. — De quoi peut-elle lui servir? répéta Élisabeth; ô toi, doublement infidèle, doublement parjure! toi, dont la scélératesse m'a rendue ridicule aux yeux de mes sujets, et odieuse à moi-même! Je voudrais m'arracher les yeux pour les punir de leur aveuglement.

Burleigh se hasarda à parler.

—Madame, dit-il, rappelez-vous que vous êtes reine, reine d'Angleterre, mère de vos sujets; ne vous abandonnez pas au torrent de cette colère impétueuse.

Élisabeth se tourna vers lui; une larme brillait dans son œil fier et courroucé:—Burleigh, dit-elle, tu es un homme d'état; tu ne comprends pas, tu ne peux pas comprendre combien cet homme a versé sur moi de douleur et de mépris.

Avec la plus grande circonspection, avec la vénération la plus profonde, Burleigh prit la main de la reine, dont il voyait le cœur prêt à se briser, et la tira à l'écart dans l'embrasure d'une fenêtre éloignée des spectateurs.

— Madame, dit-il, je suis ministre, mais je suis homme néanmoins. J'ai vieilli dans vos conseils, je ne désire et ne puis désirer ici-bas que votre gloire et votre bonheur. Je vous conjure de vous calmer !

— Ah ! Burleigh, dit Élisabeth, tu ne sais pas..... Et ses larmes coulèrent en dépit de ses efforts.

— Je sais, je sais tout, ma glorieuse souveraine. Oh ! prenez garde de ne pas donner lieu à d'autres personnes de soupçonner ce qu'elles ignorent !

— Ah ! dit Élisabeth, qui s'arrêta comme si de nouvelles pensées fussent venues se présenter à son esprit, Burleigh, tu as raison, grandement raison; tout, excepté le déshonneur; tout, excepté l'aveu de ma faiblesse; tout, excepté de paraître trompée, dédaignée: mort de ma vie ! cette seule pensée me jette dans le désespoir.

— Montrez votre courage accoutumé, madame, dit Burleigh, et élevez-vous au-dessus d'une faiblesse que jamais un Anglais ne soupçonnera dans son Élisabeth, si la violence de ses regrets ne lui en porte jusqu'au fond du cœur la triste conviction.

— Quelle faiblesse, milord ? dit Élisabeth avec hauteur; prétendriez-vous aussi insinuer que la faveur dont j'honorais ce traître orgueilleux puisait sa source dans... Mais ne pouvant plus long-temps soutenir le ton de fierté dont elle s'était armée, elle se radoucit en disant :
— Pourquoi chercher à t'en imposer, à toi, mon fidèle et sage serviteur ?

Burleigh s'inclina pour baiser affectueusement la main d'Élisabeth; et, chose rare dans les annales des cours, une larme sincère tomba de l'œil du ministre sur la main de sa souveraine.

Il est probable que l'assurance intime qu'avait Élisabeth d'inspirer cet intérêt à Burleigh l'aida à supporter sa mortification et à restreindre son extrême ressentiment ; mais elle y fut encore plus portée par la crainte que son emportement ne trahît en public l'affront et le dépit que, comme reine et comme femme, elle désirait si vivement cacher. Elle quitta Burleigh, et se promena dans la salle d'un air sévère, jusqu'à ce que ses traits eussent recouvré leur dignité habituelle, et son maintien cette majesté qui la rendait si imposante.

— Notre souveraine est redevenue la sage Élisabeth, dit Burleigh à voix basse à Walsingham ; remarquez ce qu'elle va faire, et prenez garde de lui résister.

Élisabeth s'approcha alors de Leicester, et dit d'un ton calme :

— Lord Shrewsbury, nous vous déchargeons de votre prisonnier. Lord Leicester, relevez-vous et reprenez votre épée. Un quart d'heure de contrainte sous la surveillance de notre maréchal n'est pas, il nous semble, un châtiment bien sévère pour la fausseté dont vous vous êtes rendu coupable envers nous pendant si longtemps. Nous allons entendre maintenant la suite de cette affaire. Elle se plaça sur son fauteuil, et dit : — Vous, Tressilian, approchez, et dites-nous tout ce que vous savez.

Tressilian raconta son histoire avec sa générosité naturelle, supprimant autant que possible tout ce qui était de nature à nuire à Leicester, et passant sous silence leurs deux combats. Il est probable qu'en agissant de cette manière il rendit au comte le plus grand service ; car si la reine eût trouvé dans ce moment-là quelque grief qui lui eût permis d'exhaler sa colère contre Leicester, sans faire paraître des sentimens dont elle rougissait, il aurait pu s'en trouver mal. Elle réfléchit quelque temps lorsque Tressilian eut cessé de parler, et dit ensuite :

— Nous prendrons ce Wayland à notre service, et nous placerons l'enfant dans les bureaux de notre secrétariat, afin qu'il apprenne à respecter les lettres par la suite. Quant à vous, Tressilian, vous avez eu tort de ne pas nous communiquer la vérité tout entière, et la promesse qui vous liait était à la fois imprudente et coupable envers nous. Cependant, ayant donné votre parole à cette malheureuse dame, il était du devoir d'un homme et d'un gentilhomme de la garder fidèlement : après tout, nous vous estimons pour la conduite que vous avez tenue dans cette affaire. Lord Leicester, c'est maintenant à votre tour de nous dire la vérité, chose que vous avez trop négligée depuis quelque temps.

En conséquence, elle lui arracha par des questions successives toute l'histoire de sa première connaissance avec Amy Robsart, leur mariage, sa jalousie, les causes sur lesquelles elle était fondée, et beaucoup d'autres particularités. La confession de Leicester, car on pouvait bien lui donner ce nom, lui fut arrachée par fragmens; néanmoins elle fut assez exacte, excepté qu'il omit entièrement d'avouer qu'il eût consenti aux desseins criminels de Varney sur la vie de la comtesse. Toutefois cette idée était ce qui l'occupait alors le plus, et quoiqu'il se reposât en grande partie sur le contre-ordre très-positif qu'il avait envoyé par Lambourne, son dessein était de partir en personne pour Cumnor-Place, dès qu'il aurait pris congé de la reine, qui, à ce qu'il s'imaginait, allait quitter Kenilworth sur-le-champ.

Mais Leicester comptait sans son *hôte*. Il est vrai que sa présence et ses aveux étaient fiel et absinthe pour la maîtresse qui l'avait tant aimé. Mais privée de toute autre vengeance plus directe, la reine s'aperçut que ses demandes donnaient la torture à son infidèle amant, et elle les continuait dans cette intention, sans faire plus d'attention à ses propres souffrances que le sauvage n'en fait à ses mains que brûlent les tenailles ardentes dont il déchire les chairs de son ennemi.

A la fin cependant le comte altier, semblable à un cerf aux abois, donna à entendre que sa patience était épuisée. — Madame, dit-il, j'ai été bien coupable, plus coupable peut-être que vous ne l'avez dit dans votre juste ressentiment; néanmoins, madame, permettez-moi d'ajouter que mon crime, s'il est impardonnable, n'a pas été commis sans provocation, et que si la beauté et une dignité affable pouvaient séduire le faible cœur de l'homme, je pourrais citer l'une et l'autre comme les motifs qui m'ont déterminé à cacher ce secret à Votre Majesté.

La reine fut si frappée de cette réponse, que Leicester eut soin de prononcer de manière qu'elle ne pût être entendue que d'elle seule, qu'elle ne sut qu'y répondre dans le moment, et le comte eut la témérité de poursuivre son avantage.

— Votre Majesté, qui s'est déjà montrée si indulgente, me permettra d'invoquer sa clémence royale en faveur de ces expressions qui, hier matin même, n'étaient regardées que comme une bien légère offense.

La reine lui répliqua avec colère, et tenant les yeux attachés sur lui en lui répondant: — De par le Dieu du ciel! milord, s'écria-t-elle, une pareille effronterie passe toutes les bornes, et lasse ma patience; mais elle ne servira de rien. Holà! milords! venez apprendre une nouvelle : le mariage clandestin de lord Leicester m'a dérobé un époux, et un roi à l'Angleterre. Sa Seigneurie est tout-à-fait patriarcale dans ses goûts ; une seule femme ne saurait lui suffire, et il *nous* réservait l'honneur de sa main gauche. Maintenant, n'est-ce pas le comble de l'insolence que je n'aie pu l'honorer de quelques marques de ma faveur sans qu'il ait eu aussitôt la présomption de croire ma couronne et ma main à sa disposition? Vous, milords, vous avez cependant une meilleure opinion de moi, et je sens pour cet homme ambitieux la même compassion que pour un enfant qui voit une bulle de savon éclater entre ses mains. Nous allons rentrer dans la grand'salle... Milord de Leicester, nous vous ordonnons de nous suivre et de vous tenir près de nous.

Toute la cour réunie dans la salle était impatiente de curiosité, et quel fut l'étonnement universel lorsque la reine dit à ceux qui se trouvaient près d'elle : — Les réjouissances de Kenilworth ne sont pas encore épuisées, milords et mesdames ; il nous reste à célébrer les noces du noble propriétaire.

Il y eut un murmure de surprise : — Rien de plus vrai, nous en donnons notre parole royale, dit la reine ; il nous en a fait un secret afin de nous réserver le plaisir de cette surprise. Je vois que vous mourez de curiosité de connaître quelle est l'heureuse épouse de Leicester : c'est Amy Robsart, la même qui, pour compléter la fête d'hier, a figuré dans le divertissement comme la femme de son serviteur Varney.

— Au nom de Dieu, madame, dit le comte en s'approchant d'elle avec un mélange d'humilité, de mortification et de honte qu'on lisait sur son visage, et par-

lant assez bas pour n'être entendu que d'elle seule :
prenez ma tête, comme vous m'en menaciez dans votre
colère, et épargnez-moi ces insultes ; ne foulez pas aux
pieds un ver déjà écrasé.

— Un ver, milord! dit la reine du même ton ; dites
un serpent, c'est un plus noble reptile, et la comparaison serait plus exacte. Vous connaissez un serpent engourdi par le froid qui fut réchauffé dans le sein de
quelqu'un...

— Pour l'amour de vous, madame, pour moi-même,
dit le comte, pendant qu'il me reste encore quelque
raison...

— Parlez haut, milord, dit Élisabeth, et d'un peu
plus loin, s'il vous plaît ; qu'avez-vous à nous demander?

— La permission, dit le malheureux comte d'un ton
soumis, de partir à l'instant pour Cumnor-Place.

— Pour ramener ici votre épouse, probablement?
C'est assez bien vu ; car, d'après ce que nous avons entendu dire, elle est en assez mauvaises mains. Mais,
milord, vous ne pouvez y aller en personne... Nous
avons arrêté de passer quelques jours dans ce château
de Kenilworth, et vous n'aurez pas l'impolitesse de nous
priver de la présence de notre hôte pendant le séjour
que nous comptons y faire... Sous votre bon plaisir nous
ne pouvons pas nous soumettre à un tel affront aux
yeux de nos sujets... Tressilian ira à Cumnor-Place pour
vous, et un gentilhomme de notre chambre l'accompagnera, afin que lord Leicester ne redevienne point jaloux de son ancien rival.— Qui veux-tu avoir pour compagnon de voyage, Tressilian?

Tressilian prononça avec une humble soumission le
nom de Raleigh.

—Vraiment? dit la reine; tu as fait un bon choix. Raleigh est un jeune chevalier; et délivrer une dame de prison, c'est une heureuse aventure pour son début... Il faut que vous sachiez, milords et mesdames, que Cumnor-Place ne vaut guère mieux qu'une prison. D'ailleurs il y a là certains chevaliers félons que nous désirerions avoir sous bonne garde en notre pouvoir... Monsieur notre secrétaire, vous leur remettrez l'ordre de s'assurer des personnes de Richard Varney et d'Alasco; qu'on les amène ici morts ou vifs; prenez avec vous une escorte suffisante, messieurs; conduisez la dame à Kenilworth en tout honneur; ne perdez pas un moment; et que Dieu soit avec vous.

Ils s'inclinèrent respectueusement et sortirent.

Qui pourra décrire la manière dont la fin de cette journée fut employée à Kenilworth? La reine, qui semblait n'y être restée que dans le seul dessein d'insulter et de mortifier le comte de Leicester, se montra aussi habile dans ces raffinemens de vengeance féminine qu'elle l'était dans l'art de gouverner ses peuples avec sagesse. La cour obéit aux intentions de la souveraine, et le seigneur de Kenilworth éprouvait, au milieu de ses fêtes et dans son propre château, le sort d'un courtisan disgracié, par la manière froide et peu respectueuse des amis qui se tenaient prêts à le quitter, et par le triomphe mal caché de ses ennemis avoués. Sussex, fidèle à la franchise militaire de son caractère, Burleigh et Walsingham, par une sagacité pénétrante, et quelques dames touchées de la compassion qui distingue leur sexe, furent les seules personnes de cette cour nombreuse qui montrèrent à Leicester le même visage qu'elles avaient eu le matin.

Leicester avait été tellement accoutumé à considérer la faveur des cours comme le but principal de sa vie, que tous ses autres sentimens furent pendant quelque temps comme perdus dans les tourmens que faisait éprouver à son esprit altier cette continuité de petites humiliations et de mépris étudiés dont il était devenu tout à coup l'objet. Mais, lorsqu'il se fut retiré le soir dans son appartement, cette longue et superbe tresse de cheveux qui avait lié la lettre d'Amy s'offrit à ses regards, et, comme par la vertu magique d'un talisman, réveilla dans son cœur des sentimens plus nobles et plus doux. Il la baisa mille fois, et en se rappelant qu'il était encore en son pouvoir d'éviter les souffrances qu'il venait d'endurer, en se retirant dans cette demeure magnifique et digne d'un prince, avec la charmante et tendre compagne qui devait partager son sort futur, il sentit qu'il pourrait s'élever au-dessus de la vengeance qu'Élisabeth s'était plu à tirer de lui.

En conséquence Leicester, le jour suivant, montra une si noble sérénité d'ame, il parut si occupé des plaisirs de ses hôtes, et cependant si indifférent pour leur conduite personnelle à son égard, il fut si respectueux avec la reine, il supporta avec tant de patience tous les dégoûts dont elle cherchait à l'abreuver, qu'Élisabeth changea de procédés, et, quoique toujours froide et hautaine, elle ne lui fit plus aucun affront direct. Elle fit entendre aussi avec quelque aigreur à ceux de sa suite qui pensaient lui faire la cour en se conduisant d'une manière peu respectueuse avec le comte, que tant qu'ils resteraient à Kenilworth ils devaient avoir pour lui les égards auxquels des hôtes étaient obligés envers le seigneur du château. Enfin tout changea tellement de face en vingt-quatre heures que les courtisans les plus expérimentés et les plus déliés, prévoyant qu'il était possible que Leicester rentrât en faveur, réglèrent leur conduite de manière à pouvoir un jour se faire un mérite de ne l'avoir pas abandonné au jour de son adversité. Il est temps cependant de laisser ces intrigues, pour suivre dans leur voyage Tressilian et Raleigh.

Outre Wayland, ils avaient avec eux un poursuivant d'armes de la reine, et deux vigoureux domestiques. Ils étaient tous six bien armés, et voyageaient aussi vite que le permettait la nécessité de ménager leurs chevaux, qui avaient devant eux un long chemin à faire. Ils cherchèrent à se procurer quelques renseignemens sur Varney; mais ils ne purent en recueillir aucun, parce qu'il avait voyagé pendant la nuit.

Dans un petit village qui était à douze milles de Kenilworth, où ils s'arrêtèrent pour faire rafraîchir leurs chevaux, un pauvre ecclésiastique, curé-desservant du lieu (1), sortit d'une petite chaumière, et les supplia, si quelqu'un d'entre eux entendait la chirurgie, qu'il voulût bien entrer un instant pour voir un homme qui se mourait.

Wayland, l'empirique, offrit de faire de son mieux. Pendant que le curé le conduisait à l'endroit désigné, il apprit que le blessé avait été trouvé sur la grande route, à un mille du village, par les laboureurs qui allaient à leurs travaux dans la matinée précédente, et que le curé lui avait donné un asile dans sa maison. Sa

---

(1) *Curate*, curé, c'est-à-dire le prêtre chargé d'administrer une paroisse au nom du titulaire qui ne réside pas, et qui ne donne au desservant qu'une partie du *bénéfice* pécuniaire. — Éd.

blessure, qui provenait d'un coup de feu, était évidemment mortelle. Mais avait-il été blessé dans une querelle particulière, ou par des voleurs, c'est ce qu'on n'avait pu savoir, car il avait une fièvre violente, et ne tenait aucun discours suivi. Wayland entra dans un appartement sombre; et le curé n'eut pas plus tôt tiré les rideaux du lit, qu'il reconnut dans les traits défigurés du mourant la figure de Michel Lambourne. Sous prétexte d'aller chercher quelque chose dont il avait besoin, Wayland courut prévenir ses compagnons de voyage de cette circonstance extraordinaire; et Tressilian et Raleigh, remplis des plus vives inquiétudes, se rendirent en toute hâte à la demeure du curé, pour assister aux derniers momens de Lambourne.

Ce misérable était alors dans les angoisses de la mort, dont un meilleur chirurgien que Wayland n'aurait pu le sauver; car la balle lui avait traversé le corps de part en part. Il avait encore quelque usage de ses sens; il reconnut Tressilian, et lui fit signe de se pencher sur son lit. Tressilian s'approcha. Après quelques murmures inarticulés, dans lesquels on ne pouvait distinguer que les noms de Varney et de lady Leicester, Lambourne lui dit de se hâter, de peur d'arriver trop tard. Ce fut en vain que Tressilian chercha à obtenir du malade de plus amples renseignemens; il parut tomber dans le délire, et quand il fit encore signe à Tressilian pour attirer son attention, ce ne fut que pour le prier d'informer son oncle Giles Gosling, aubergiste de l'*Ours-Noir*, qu'il était mort dans son lit, après tout. Un instant après en effet une dernière convulsion termina sa vie, et cette rencontre ne servit qu'à faire concevoir à nos voyageurs, sur le sort de la comtesse, les craintes vagues que les dernières paroles de Lambourne devaient naturellement produire. Ils poursuivirent leur route avec la plus grande vitesse, requérant des chevaux au nom de la reine lorsque ceux qu'ils montaient furent trop fatigués pour aller plus loin.

CHAPITRE XLII.

« L'airain trois fois répète un son de mort;
« On entendit une voix gémissante ;
» Et le corbeau, de son aile pesante,
« Frappa trois fois les créneaux de Cumnor. »

MICKLE.

Il faut maintenant revenir à cette partie de notre histoire où nous annoncions que Varney, profitant de l'autorité du comte de Leicester et de la permission de la reine, se hâta de se prémunir contre la découverte de sa perfidie, en éloignant la comtesse du château de Kenilworth. Il se proposait de partir le matin de bonne heure; mais, réfléchissant que le comte pourrait se radoucir dans l'intervalle, et chercher à avoir une autre entrevue avec la comtesse, il résolut de détruire par son départ immédiat toute possibilité d'un événement qui devait probablement se terminer par la découverte de ses projets et sa ruine complète. Dans ce dessein, il fit appeler Lambourne, et fut excessivement irrité d'apprendre que ce fidèle serviteur était sorti du château pour aller prendre ses ébats dans le village voisin ou ailleurs. Comme il ne pouvait tarder à revenir, sir Richard laissa des ordres pour qu'il se préparât à l'accompagner dans un voyage, ou à le rejoindre s'il ne rentrait qu'après son départ.

Cependant Varney le remplaça provisoirement par un domestique nommé Robin Tider, auquel les mystères de Cumnor-Place étaient connus en partie, parce qu'il y avait suivi le comte plus d'une fois. Cet homme, dont le caractère ressemblait à celui de Lambourne, quoiqu'il ne fût ni aussi adroit ni aussi dissolu, reçut de Varney l'ordre de seller trois bons chevaux, de préparer une litière, et de se tenir prêt à partir. L'excuse assez naturelle du dérangement de l'esprit de sa femme, auquel tout le monde ajoutait foi, expliquait la manière secrète dont on l'éloignait du château; et il comptait sur les mêmes prétextes, dans le cas où les cris et la résistance de la malheureuse Amy le forceraient à se justifier. L'assistance de Tony Foster était indispensable, et Varney alla s'en assurer.

Foster, d'un caractère naturellement aigre et d'une humeur insociable, fatigué d'ailleurs du voyage qu'il avait fait de Cumnor-Place à Kenilworth pour annoncer la fuite de la comtesse, s'était séparé de bonne heure de la foule des buveurs. Il s'était retiré dans sa chambre, et dormait profondément lorsque Varney, complètement équipé pour la route, et une lanterne sourde à la main, entra dans l'appartement. Il s'arrêta un instant pour écouter ce que son compagnon murmurait en dormant, et il distingua parfaitement ces mots : — *Ave Maria, ora pro nobis.* Non, ce n'est pas cela : délivrez-nous du mal. Oui, c'est ainsi qu'il faut dire.

— Il prie, dans son sommeil, pensa Varney, et confond ses anciennes superstitions avec ses nouvelles; il aura un plus grand besoin de prières avant que j'aie fini avec lui... Holà! ho! saint homme, bienheureux pénitent, éveille-toi, éveille-toi; le diable ne t'a pas encore renvoyé de son service.

En même temps, Varney secoua le dormeur par le bras; ce mouvement changea le cours des idées de Foster, et il se mit à crier : — Au voleur! au voleur! je mourrai pour la défense de mon or; de mon or si péniblement gagné; de mon or qui me coûte si cher : où est Jeannette? ne lui est-il rien arrivé?

— Que veux-tu qu'il lui soit arrivé, braillard imbécile? dit Varney; n'as-tu pas honte de faire tant de bruit?

Foster se trouvait alors entièrement éveillé, et, s'asseyant sur son lit, il demanda à Varney ce que signifiait une pareille visite à une telle heure : — Elle n'annonce rien de bon, ajouta-t-il.

— Fausse prophétie! très-saint Anthony, repartit Varney, elle annonce que l'heure est venue de changer ton bail en un acte de propriété. Que dis-tu de cela?

— Si tu me l'eusses dit à la face du jour, dit Foster, je m'en serais réjoui, mais à cette heure funeste, par cette triste clarté, quand la pâleur de ta figure forme un sinistre contraste avec la légèreté de tes paroles, je ne puis m'empêcher de penser bien plus à ce que tu vas me prescrire qu'à la récompense que je vais gagner.

— Comment! vieux fou; il ne s'agit que de reconduire à Cumnor-Place ton ancienne prisonnière.

— Est-ce là tout? dit Foster; ton visage a la pâleur de la mort, et ce ne sont point des vétilles qui peuvent t'émouvoir. Est-ce véritablement là tout?

— Oui, tout, et peut-être une bagatelle en sus, dit Varney.

— Ah! reprit Foster, ta pâleur augmente encore à chaque instant.

— Ne fais pas attention à ma figure, dit Varney, tu ne la vois qu'à la triste clarté de cette lanterne. Lève-toi et agis; pense à Cumnor-Place, qui va devenir ta propriété. Comment donc? tu pourras fonder une boutique de conférences hebdomadaires, et de plus doter Jeannette aussi richement que la fille d'un baron. Soixante-dix livres sterling et au-delà.

— Soixante-dix-neuf livres cinq shillings et cinq pences et demi, outre la valeur du bois, dit Foster; et aurai-je tout cela en propriété?

— Tout, mon camarade, y compris les écureuils. Un Bohémien ne coupera pas un morceau de bois, un enfant ne prendra pas un nid d'oiseau sur tes domaines sans t'en payer la valeur. Allons, voilà qui est bien; prends tes hardes aussi vite que possible. Les chevaux sont prêts, tout est prêt, excepté cet infernal scélérat de Lambourne, qui est allé faire quelque orgie je ne sais où.

— Voilà ce que c'est, sir Richard, dit Foster; vous ne voulez pas suivre mes conseils; je vous ai toujours dit que ce libertin d'ivrogne vous manquerait lorsque vous en auriez besoin. J'aurais pu, à sa place, vous fournir quelque jeune homme sobre et rangé.

— Quoi! quelque hypocrite de la congrégation, à la parole lente et aux longues phrases (1)? hé bien, nous pourrons aussi l'employer. Dieu soit loué! nous aurons besoin de laboureurs de toute espèce; c'est bien; n'oublie pas tes pistolets; voyons, maintenant, partons!

— Où allons-nous? dit Tony.

— A la chambre de milady, et fais attention qu'il faut qu'elle parte avec nous. Tu n'es pas homme à t'effrayer de ses cris.

— Non, si nous pouvons nous appuyer de quelque passage de l'Écriture; et il est dit: Femmes, obéissez à vos maris. Mais les ordres de milord nous mettent-ils à couvert si nous employons la violence?

— Tiens, voilà son anneau.

Ayant ainsi réfuté les objections de son associé, Varney se rendit avec lui dans l'appartement de lord Hunsdon, et donnant connaissance de leur dessein à la sentinelle comme d'un projet sanctionné par la reine et le comte de Leicester, Foster et lui entrèrent dans l'appartement de la malheureuse comtesse.

L'horreur d'Amy peut se concevoir quand elle fut réveillée en sursaut et vit à côté de son lit Varney, l'homme du monde qu'elle craignait et détestait le plus. Ce fut même une consolation pour elle de s'apercevoir qu'il n'était pas seul, quoiqu'elle eût plus d'un motif pour redouter aussi son compagnon.

— Madame, dit Varney, ce n'est pas le temps de faire des cérémonies; lord Leicester, forcé par l'urgence des circonstances, vous envoie l'ordre de nous accompagner

---

(1) *Some slow-spoken, long breathed brother of the congregation.* — Ed.

sans délai à Cumnor-Place ; voici son anneau que je vous montre comme le signe de sa volonté formelle.

— C'est une imposture, répondit la comtesse ; tu as volé ce gage, toi qui es capable de toutes les scélératesses, depuis la plus atroce jusqu'à la plus basse.

— Ce que je vous dis est vrai, madame, reprit Varney, et si vrai que, si vous ne vous préparez pas immédiatement à nous suivre, nous serons obligés d'employer la violence pour exécuter nos ordres.

— La violence! tu n'oserais pas en venir à ce moyen, lâche que tu es! s'écria la malheureuse comtesse.

— C'est ce qui me reste à prouver, madame dit Varney, qui avait compté sur la terreur comme sur le seul moyen de subjuguer cette ame altière; ne me forcez pas d'en venir à cette extrémité, ou vous trouverez en moi un valet de chambre un peu rude.

Ce fut cette menace qui fit pousser à la pauvre Amy des cris si effrayans que, si ce n'eût été la conviction qu'on avait qu'elle était folle, elle aurait vu accourir à son secours lord Hunsdon et d'autres personnes; mais s'apercevant que ses cris étaient inutiles, elle s'adressa à Foster dans les termes les plus touchans, et le conjura, au nom de l'honneur et de l'innocence de sa fille Jeannette, de ne pas souffrir qu'elle fût traitée avec tant d'indignité.

— Comment donc, madame, dit Foster, les femmes doivent obéir à leurs maris, c'est l'Écriture qui leur en fait la loi. Et si vous vous habillez vous-même pour venir avec nous sans résistance, personne ne vous touchera du bout du doigt tant que je pourrai tirer un pistolet.

Ne voyant arriver aucun secours, et rassurée même

par la réponse de Foster, malgré son ton bourru, la comtesse promit de se lever et de s'habiller s'ils voulaient se retirer dans la chambre voisine. Varney alors l'assura qu'elle n'avait rien à craindre pour son honneur et sa sûreté tant qu'elle serait entre ses mains; et il promit de ne point l'approcher, puisque sa présence lui était si désagréable. Son époux, ajouta-t-il, serait à Cumnor vingt-quatre heures après elle.

Un peu consolée par cette assurance; quoiqu'elle ne crût pas pouvoir y compter beaucoup, la malheureuse Amy s'habilla à la clarté de la lanterne, que laissa Varney en quittant l'appartement.

Amy se leva en versant des larmes, tremblante, et implorant le ciel avec des sensations bien opposées à celles qu'elle éprouvait jadis lorsqu'elle se parait avec toute la satisfaction d'une beauté qui connaît le pouvoir de ses charmes.

Elle employa le plus long temps possible à s'habiller, jusqu'à ce que, épouvantée de l'impatience de Varney, elle fut obligée de déclarer qu'elle était prête.

Au moment de se mettre en marche, la comtesse se tint près de Foster, avec une expression si marquée de la frayeur que lui inspirait Varney, que celui-ci lui protesta avec un serment solennel qu'il n'avait nullement l'intention de l'approcher.

— Si vous consentez, dit-il, à obéir patiemment à la volonté de votre époux, vous ne me verrez que rarement. Je vous laisserai aux soins du guide que votre bon goût me préfère.

— La volonté de mon époux! s'écria-t-elle; mais c'est la volonté de Dieu, et ce motif doit me suffire... Je suivrai M. Foster avec la docilité d'une victime qu'on mène au sacrifice. Foster est père ; du moins je serai traitée avec décence, sinon avec humanité. Quant à toi, Varney, je te le répète, quand ce devraient être de mes dernières paroles, tu es étranger à ces deux sentimens.

Varney se contenta de répondre qu'elle avait la liberté du choix, et marcha devant pour montrer le chemin. La comtesse, s'appuyant sur Foster, et presque traînée par lui, fut conduite de la tour de Saint-Lowe à la poterne où Tider attendait avec une litière et des chevaux.

La comtesse se laissa placer dans la litière, et vit avec satisfaction que, pendant que Foster se tenait près de la voiture, conduite par Tider, l'odieux Varney restait à quelque distance en arrière ; bientôt elle le perdit de vue dans l'ombre de la nuit.

Amy profita des sinuosités de la route pour jeter un dernier regard sur ces tours majestueuses dont son époux était le seigneur, et qui çà et là brillaient encore de l'éclat des lumières de la fête. Mais, quand il ne fut plus possible de les apercevoir, elle laissa retomber sa tête sur son sein, et, s'enfonçant dans la litière, se recommanda aux soins de la Providence.

Outre le désir qu'avait Varney d'engager la comtesse à poursuivre tranquillement le voyage, il entrait aussi dans ses vues d'avoir un entretien sans témoins avec Lambourne, par qui il espérait d'être rejoint bientôt.

Il connaissait le caractère de cet homme résolu, avide et cruel de sang-froid, qu'il regardait comme l'agent le plus propre à exécuter ses desseins.

Il était déjà à plus de dix milles de Kenilworth, lorsqu'il entendit enfin le galop d'un cheval ; c'était celui de Michel Lambourne.

Impatienté comme il l'était de ce retard, Varney fit à son valet licencieux un accueil plus dur que jamais.

— Vaurien d'ivrogne, lui dit-il, ta paresse et ton inconduite te mettront avant peu la corde au cou, et je voudrais que ce fût dès demain.

Ce ton de réprimande ne plut guère à Lambourne, qui avait la tête exaltée outre mesure, non-seulement par une copieuse libation de vin, mais encore par l'espèce d'entretien confidentiel qu'il venait d'avoir avec le comte, et surtout par la connaissance du secret dont sa curiosité s'était emparée.

Oubliant toute sa docilité pour Varney, il osa lui répondre qu'il ne souffrirait pas de propos insolens du meilleur chevalier du monde. Lord Leicester l'avait retenu pour une affaire d'importance, et cette raison devait suffire à Varney, qui après tout n'était qu'un domestique comme lui.

Varney ne fut pas médiocrement surpris de ce ton d'impertinence; mais, l'attribuant à l'ivresse, il feignit ne pas s'en apercevoir, et commença à sonder Lambourne pour savoir s'il consentirait à écarter le seul obstacle qui s'opposait à ce que le comte parvînt à un rang assez élevé pour récompenser ses plus fidèles serviteurs au-delà de tous leurs désirs.

Michel Lambourne ayant l'air de ne pas comprendre ce qui lui était proposé, Varney lui indiqua clairement que c'était la personne transportée dans la litière qui était l'obstacle en question.

— Oui-dà, sir Richard; faites bien attention à ceci, répondit Michel : il y a des gens qui en savent plus long que d'autres, entendez-vous, et il y en a qui sont plus méchans que d'autres. Je connais les intentions de milord sur ce point mieux que vous, car il m'a tout confié. Voici ses ordres dans cette lettre, et ses derniers mots sont ceux-ci : — Michel Lambourne, m'a-t-il dit, car Sa Seigneurie me parle comme à un homme qui porte l'épée, et ne me traite pas d'ivrogne et de coquin, comme tel et tel qui se laissent gonfler par leurs nouvelles dignités ; — il faut, m'a-t-il dit, que Varney conserve tout le respect possible pour ma comtesse... Je vous charge d'y veiller, M. Lambourne, et de redemander expressément mon anneau à Varney.

— Oui ! reprit Varney ; a-t-il en effet parlé ainsi ? tu sais donc tout ?

— Tout, tout, et vous ferez sagement de rester mon ami tant que le soleil luira pour nous deux.

— Personne n'était présent pendant que milord te parlait ? demanda Varney.

— Pas un être vivant, reprit Lambourne ; pensez-vous que milord confierait ses secrets à tout autre qu'à un homme éprouvé comme moi ?

— En vérité ! dit Varney ; et s'arrêtant, il promena ses regards sur la route qu'éclairait la lumière de la lune. Ils traversaient une vaste bruyère. La litière était à un mille devant eux, et trop éloignée pour qu'ils pussent être vus ou entendus par ceux qui l'escortaient. Derrière eux régnait un morne silence, tout annonçait qu'ils étaient sans témoins. Varney reprit son entretien avec Lambourne.

— Tu voudrais donc, lui dit-il, te tourner contre ton maître, contre celui qui t'a ouvert la carrière des faveurs de la cour ; contre celui dont tu as été en quelque sorte l'apprenti, Michel ; qui t'a, en un mot, montré les profondeurs et les écueils de l'intrigue.

— Ne m'appelez pas Michel tout court, répondit Lambourne; j'ai un nom qui peut être précédé de *monsieur* tout aussi bien qu'un autre; et quant au reste, si j'ai été en apprentissage, mon temps est fini, et je suis résolu de passer maître à mon tour.

— Reçois d'abord tes gages, insensé, dit Varney, et prenant son pistolet, il traversa d'une balle le corps de Lambourne.

Le misérable tomba de cheval sans pousser un seul soupir; Varney, mettant pied à terre, fouilla ses poches, et en tourna la doublure pour faire croire à ceux qui le rencontreraient qu'il avait été assassiné par des voleurs. Il s'empara de la lettre du comte, et prit aussi la bourse de Lambourne, qui contenait encore quelques pièces d'or. Mais, par un singulier mélange de sentimens, il la porta jusqu'à une petite rivière qui traversait la route, et la jeta dans l'eau aussi loin qu'il put. Tels sont les étranges retours d'une conscience qui semble tout-à-fait subjuguée. Cet homme, cruel et sans remords, se serait cru dégradé s'il avait gardé quelques pièces d'or qui avaient appartenu au misérable qu'il venait de tuer sans pitié.

Le meurtrier rechargea son pistolet après en avoir essuyé la platine et le canon pour faire disparaître tout indice d'une explosion récente, et il suivit tranquillement la litière de loin, satisfait de s'être si adroitement débarrassé du témoin importun de plusieurs de ses intrigues, et du porteur d'un ordre qu'il n'avait aucune intention d'exécuter, et que par conséquent il désirait être censé n'avoir pas reçu.

Le voyage s'acheva avec une rapidité qui prouvait le

peu de cas qu'on faisait de la santé de la comtesse. On ne s'arrêtait que dans des lieux où tout était subordonné à Varney, et où le conte de la folie qu'on attribuait à Amy aurait été cru sans difficulté si elle eût essayé d'implorer la compassion de ceux qui l'approchaient; ainsi Amy ne vit aucun espoir de se faire entendre de ceux avec qui elle se trouvait momentanément seule, et d'ailleurs la présence de Varney lui faisait trop d'horreur pour qu'elle osât violer la condition sous laquelle il devait ne l'escorter que de loin pendant la route.

Les fréquens voyages secrets que Varney avait faits à Cumnor avec le comte de Leicester lui avaient donné un grand crédit sur la route; il se procura facilement et promptement des chevaux toutes les fois qu'il en eut besoin : de sorte que la litière se trouva près de Cumnor la nuit qui suivit le départ de Kenilworth.

Ce fut alors que Varney s'approcha de la litière, comme il l'avait fait par intervalles pendant le voyage, et demanda : — Que fait-elle?

— Elle dort, répondit Foster; je voudrais être arrivé, ses forces s'épuisent.

— Le repos la rétablira, reprit Varney; elle dormira bientôt plus longuement... Il faut penser à la loger en lieu sûr.

— Pourquoi pas dans son appartement? dit Foster; j'ai envoyé Jeannette chez sa tante, avec une bonne réprimande. On peut se fier à nos vieilles servantes, car elles détestent cette dame de tout leur cœur.

— Nous ne nous fierons pourtant pas à elles, mon ami Tony. Il nous faut l'enfermer dans la chambre où tu caches ton or.

— Mon or! dit Foster avec un air alarmé; que voulez-vous dire? de quel or voulez-vous parler? Dieu m'assiste! je n'ai point d'or; je voudrais en avoir.

— Que la peste t'étouffe, brute stupide! qui se soucie de ton or? Si j'en avais envie, n'aurais-je pas cent moyens plus sûrs pour m'en emparer? En un mot, ta chambre à coucher, que tu as fortifiée d'une manière si curieuse, sera le lieu de réclusion de la comtesse; et toi, rustre, tu t'enfonceras dans le duvet de ses matelas. Je puis te promettre que le comte ne réclamera jamais le riche ameublement de ses quatre chambres.

Cette dernière considération rendit Foster plus traitable; il demanda seulement à Varney la permission de prendre les devans pour tout préparer, et, pressant son cheval de l'éperon, il laissa la litière sous l'escorte de Tider et de Varney, qui la suivait à la distance d'une soixantaine de pas.

Quand elle fut arrivée à Cumnor, la comtesse demanda vivement Jeannette, et parut très-alarmée quand on l'informa qu'elle ne serait plus servie par cette aimable fille.

— Mon enfant m'est cher, madame, dit Tony avec son air refrogné, et je ne me soucie pas que Jeannette apprenne à mentir et à tramer des fuites; elle n'en sait déjà que trop là-dessus, n'en déplaise à Votre Seigneurie.

La comtesse, fatiguée et encore effrayée des circonstances qui avaient précédé son voyage, ne répondit rien à cette insolence; mais elle témoigna avec douceur le désir de se retirer dans sa chambre.

— Oui, oui, murmura Foster, c'est une chose raisonnable; mais, avec votre permission, vous n'irez pas dans cet appartement tout rempli de vanités mondaines. Vous dormirez cette nuit dans un lieu plus sûr.

— Plût au ciel que ce fût dans ma tombe! dit la comtesse; mais nous frémissons, malgré nous, à l'idée de la séparation du corps et de l'ame.

— Vous n'avez, madame, aucune raison de frémir de cette idée, reprit Foster; milord vient ici demain, et sans doute vous rentrerez dans ses bonnes graces.

— Mais viendra-t-il? viendra-t-il en effet, bon Foster?

— Oh! oui, bon Foster! reprit le vieux Tony; mais quel Foster serai-je demain, lorsque vous parlerez de moi à milord, quoique tout ce que j'ai fait n'ait été que pour obéir à ses propres ordres?

— Vous serez mon protecteur; un protecteur un peu brusque, il est vrai, mais cependant mon protecteur. Oh! si Jeannette était ici!

— Elle est mieux où elle est, répondit Foster; il y a assez d'une dame comme vous pour embrouiller une tête : mais voulez-vous prendre quelques rafraîchissemens?

— Oh! non, non, ma chambre, ma chambre; j'espère du moins que je pourrai la fermer en dedans.

— De tout mon cœur, répondit Foster, pourvu que je puisse l'assurer en dehors; et, prenant une lumière, il conduisit la comtesse à une partie du bâtiment où elle n'avait jamais été, et lui fit monter un escalier très-élevé : une des vieilles les précédait avec une lampe.

Parvenus au dernier degré de l'escalier, dont la hauteur était prodigieuse, ils traversèrent une galerie en bois de chêne, très-étroite, au bout de laquelle était une porte épaisse qui défendait la chambre du vieil avare. Cette chambre était dépourvue de tout ce qui pouvait être utile ou commode pour une femme, et il ne lui manquait que le nom de prison.

Foster s'arrêta sur le seuil de la porte, et remit la lampe à la comtesse, sans permettre que la vieille même la suivît. Amy, prenant la lampe, entra aussitôt, ferma la porte, et l'assura par le moyen des nombreux verrous qu'y avait adaptés Foster.

Varney, pendant ce temps-là, s'était tenu au bas de l'escalier : mais, entendant fermer la porte, il arriva sur la pointe du pied, et Foster lui montra de l'œil, avec un air de satisfaction, une machine cachée dans le mur, qui, jouant avec aisance et sans bruit, abaissait une partie de la galerie de bois comme un pont-levis, de manière à couper toute communication entre la porte de sa chambre et le palier de l'escalier tournant qui y conduisait. La corde qui mettait cette machine en mouvement était ordinairement placée dans la chambre de Foster, afin qu'il pût se précautionner contre une *invasion* du dehors. Mais, maintenant qu'il s'agissait d'y retenir un prisonnier, il l'avait fixée au palier, après avoir abaissé le pont.

Varney considéra la machine avec attention, et plongea plusieurs fois ses regards dans l'abîme qu'ouvrait la chute de la trappe.

Il y régnait une sombre obscurité, et il était très-profond, puisqu'il descendait jusqu'aux dernières caves, comme Foster le dit à l'oreille de Varney. Celui-ci, après avoir mesuré des yeux à plusieurs reprises ce sombre gouffre, suivit Foster dans la salle du château.

Lorsqu'ils y furent arrivés, il dit à Tony de faire apporter le souper et du meilleur vin, en ajoutant qu'il allait chercher Alasco : — Il y aura de l'ouvrage pour lui, dit-il, et il faut le mettre de bonne humeur.

Foster le comprit, mais il se contenta de pousser un gémissement sans faire aucune remontrance. La vieille assura Varney qu'Alasco avait à peine bu et mangé depuis son départ, et qu'il était resté continuellement enfermé dans le laboratoire, parlant comme si la durée du monde dépendait de ce qu'il y faisait.

— Je lui apprendrai que le monde attend autre chose de lui, dit Varney en saisissant un flambeau pour aller chercher l'alchimiste.

Il revint après une assez longue absence; il était très-pâle, mais il avait encore sur les lèvres son sourire habituel.

— Notre ami, dit-il, s'est exhalé!

— Comment! que voulez-vous dire? demanda Foster; se serait-il enfui avec mes quarante livres sterling qui devaient se multiplier plus de mille fois?... j'aurai recours à la justice.

— Je t'indiquerai un moyen plus sûr de les recouvrer, dit Varney.

— Comment? quel moyen? s'écria Foster. Je veux ravoir mes quarante livres... Je croyais certainement les voir se multiplier, mais je veux du moins mes avances.

— Va donc te pendre, et plaider contre Alasco à la grande chancellerie du diable, car c'est là qu'il a porté sa cause.

— Quoi donc? que voulez-vous dire? serait-il mort?

— Oui, il est mort, et il a le visage et le corps enflés... Il venait de mélanger quelques-unes de ses drogues infernales; le masque de verre dont il se couvrait ordinairement le visage est tombé, le poison subtil s'est insinué dans son cerveau et a produit son effet.

— *Sancta Maria!* s'écria Foster; je veux dire, ajouta-t-il en se reprenant, Dieu nous préserve, dans sa miséricorde, de l'avarice et de tout péché mortel!... Mais croyez-vous que la transmutation avait eu lieu? avez-vous aperçu des lingots dans les creusets?

— Non, je n'ai regardé que le cadavre : c'est un spectacle hideux; Alasco est enflé comme un homme exposé depuis trois jours sur la roue... Bah! verse-moi un verre de vin.

— Je veux y aller, dit Foster, je veux examiner moi-même... Il prit la lampe, alla jusqu'à la porte, et là, hésitant, il s'arrêta : — Ne venez-vous pas avec moi? demanda-t-il à Varney.

— Et pourquoi? répondit Varney; j'en ai assez vu et assez senti pour m'ôter l'appétit. J'ai ouvert la fenêtre cependant et renouvelé l'air; il est sorti des tourbillons de vapeurs sulfureuses, et d'autres matières étouffantes, comme si le diable y eût été.

— Et cette mort ne serait-elle pas l'œuvre du démon lui-même? ajouta Foster toujours en hésitant; j'ai entendu dire qu'il est tout-puissant dans ces momens-là et avec de telles gens.

— Si c'est en effet ce Satan auquel tu crois qui te trouble l'imagination, reprit Varney, tu peux être tranquille : à moins que ce ne soit un démon tout-à-fait déraisonnable; il a eu deux bons morceaux ces jours-ci.

— Comment *deux* morceaux! que voulez-vous dire? demanda Foster : que voulez-vous dire?

— Tu le sauras avec le temps, répliqua Varney; et puis cet autre banquet : mais tu l'estimeras un mets trop délicat pour le gosier du diable. *Elle* aura ses psaumes, ses concerts célestes, ses séraphins, n'est-ce pas?

A ces mots Foster s'approcha lentement de la table.

— Bon Dieu, sir Richard, dit-il à voix basse, faut-il donc en venir là?

— Oui, sûrement Tony, si tu veux gagner la propriété de ce domaine.

— J'avais toujours prévu que cela finirait ainsi, dit Foster, mais comment ferons-nous, sir Richard? car pour tout au monde je ne voudrais pas porter la main sur elle.

— Je ne puis t'en blâmer, dit Varney; j'aurais la même répugnance à le faire moi-même; nous devons regretter Alasco et sa manne, et ce chien de Lambourne.

— Comment! où est donc Lambourne? demanda Foster.

— Ne m'adresse pas de questions; tu le reverras un jour si ta croyance est vraie. Mais revenons à des affaires plus sérieuses. Je veux t'apprendre un piège pour prendre une fauvette, Tony; cette trappe là-haut, cette machine de ton invention, ne peut-elle point paraître sûre, quoique ses supports soient enlevés?

— Oui, sans doute; elle peut rester tendue aussi long-temps qu'on n'y appuie pas le pied.

— Et si la dame voulait passer dessus pour s'échapper, le poids de son corps ne la ferait-il pas trébucher?

— Il suffirait d'un rat, répondit Foster.

— Eh bien, alors elle mourrait en essayant de se sauver : que pourrions-nous faire à cela, toi ou moi, mon brave Tony? Allons nous coucher..... nous nous concerterons demain.

Le lendemain, à l'approche du soir, Varney appela Foster pour exécuter leur plan.

Tider et les vieux domestiques de Tony furent envoyés au village sous un prétexte, et Foster lui-même visita la prison de la comtesse, comme pour voir si elle ne manquait de rien.

Il fut tellement ébranlé par sa douceur et sa patience qu'il ne put s'empêcher de lui recommander instamment de ne pas mettre le pied sur le seuil de la porte jusqu'à ce que lord Leicester arrivât : — Et j'espère, ajouta-t-il, que ce sera bientôt.

Amy promit qu'elle se résignerait à sa captivité avec patience; et Foster alla rejoindre son complice après avoir ainsi soulagé en partie sa conscience du poids qui l'accablait.

— Je l'ai avertie, pensa-t-il ; sûrement c'est un piège inutile, que celui qu'on laisse apercevoir à l'oiseau.

Il laissa donc la porte de la chambre sans la fermer en dehors, et enleva les supports de la trappe, qui resta en équilibre par la simple adhésion de son extrémité contre les parois du palier.

Ils se retirèrent au rez-de-chaussée pour attendre ce qui allait arriver ; mais ils attendirent vainement. Enfin, Varney, après s'être promené à grands pas, le visage caché sous son manteau, se découvrit soudain en disant : — Certes, jamais femme ne fut assez folle pour négliger une si belle occasion de s'échapper.

— Peut-être est-elle résolue d'attendre que son mari soit venu, répondit Foster.

— C'est vrai, très-vrai, s'écria Varney en sortant, je n'y avais pas encore pensé.

En moins de deux minutes, Foster entendit le pas d'un cheval dans la cour, et un coup de sifflet semblable au signal ordinaire du comte. L'instant d'après, la la porte d'Amy s'ouvrit, et soudain la trappe s'abaissa. Il y eut le bruit prolongé d'une chute, un faible gémissement, et tout fut fini.

Alors Varney vint à la fenêtre, et d'une voix dont l'accent exprimait un mélange affreux d'horreur et de raillerie, il dit à Foster :

— L'oiseau est-il pris? Est-ce fait?

— Puisse Dieu nous pardonner! répondit Foster.

— Comment, imbécile! ajouta Varney, ta tâche est remplie, et ta récompense assurée; regarde dans le caveau, que vois-tu?

— Je ne vois qu'un monceau de vêtemens blancs, semblables à un tas de neige, dit Foster : ô mon Dieu! elle soulève le bras.

— Jette quelque chose sur elle pour l'achever. Ton coffre-fort, Tony; tu sais qu'il est lourd.

— Varney, tu es un démon incarné, reprit Foster. Il n'y a plus besoin de rien; elle n'existe plus.

— Voilà tous nos embarras terminés, s'écria Varney en entrant dans la chambre où il avait laissé son complice; je ne croyais pas si bien imiter le signal du comte.

— Oh! s'il y a une vengeance dans le ciel, tu as bien mérité d'en recevoir ton châtiment, s'écria Foster, et tu le recevras; tu l'as tuée par ses plus tendres affections. C'est noyer un agneau dans le lait de sa mère.

— Tu es un fanatique imbécile, reprit Varney; pensons maintenant à donner l'alarme. Il faut laisser le corps où il est.

Mais leur scélératesse ne resta pas long-temps impunie : car pendant qu'ils se consultaient, Tressilian et Raleigh survinrent, s'étant introduits dans la maison par le moyen de Tider et des autres domestiques, qu'ils avaient rencontrés au village et forcés de les accompagner.

Foster s'enfuit en les voyant entrer, et comme il connaissait tous les passages de la maison, il échappa à toutes les recherches; mais Varney fut surpris, et au lieu d'exprimer aucun remords, il sembla prendre un infernal plaisir à désigner le lieu où étaient les restes sanglans de la comtesse, défiant qu'on pût lui prouver qu'il eût aucune part à sa mort.

A la vue du corps meurtri de celle qui était encore un moment auparavant si belle et si chérie, le désespoir de Tressilian fut si terrible que Raleigh se vit obligé d'employer la violence pour l'arracher à ce tableau douloureux, et de veiller lui-même à tout ce qu'exigeait ce fatal événement.

Bientôt Varney ne chercha plus à dissimuler ni son crime ni ses motifs, alléguant, pour expliquer sa franchise, que quoique la plus grande partie de ce qu'il avouait n'eût pu lui être imputée que sur des soupçons, cependant ces soupçons mêmes auraient suffi pour le priver de la confiance de Leicester et renverser tous ses plans d'ambition.

— Je ne suis pas né, dit-il, pour traîner dans l'exil et la proscription le reste d'une vie déshonorée, et pour faire de ma mort un spectacle destiné à la populace.

D'après ces paroles, on craignait qu'il ne voulût attenter à ses jours, et l'on éloigna de lui tous les moyens dont il aurait pu se servir pour les abréger. Mais, comme certains héros de l'antiquité, il portait toujours avec lui une dose de poison actif, préparé sans doute par le docteur Démétrius Alasco, et qu'il avala pendant la nuit.

On le trouva mort le lendemain matin, et il ne parut pas avoir souffert une longue agonie; car son visage présentait encore, après le trépas, son expression habituelle de rire moqueur. — La mort, dit l'Écriture, n'a point de chaînes pour le méchant.

Le sort de son complice resta long-temps inconnu. Cumnor fut abandonné après le meurtre; car les domestiques prétendirent avoir entendu, dans le voisinage de ce qu'on appelait *la chambre de lady Dudley*, des cris, des gémissemens et d'autres sons extraordinaires.

Après quelques années, Jeannette, ne recevant aucune nouvelle de son père, devint la maîtresse de sa fortune, et la partagea avec Wayland, jouissant alors d'une bonne réputation et employé dans la maison d'Élisabeth.

Mais ce ne fut que long-temps après leur mort que leur fils aîné, faisant quelques recherches dans le manoir de Cumnor, découvrit un passage secret fermé par une porte de fer qui s'ouvrait derrière le lit, dans la *chambre de lady Dudley*. Elle conduisait dans une espèce de cellule où l'on trouva un coffre-fort rempli d'or, et sur lequel était un squelette. Le sort de Tony Foster devint manifeste; il avait fui dans ce lieu secret et oublié la clef en dehors, victime lui-même des moyens qu'il avait employés pour garder cet or, au prix duquel il avait vendu son salut.

Sans doute les gémissemens et les cris entendus par les domestiques n'étaient pas entièrement imaginaires; c'étaient ceux du misérable qui, dans son agonie, appelait à son secours.

La nouvelle de la destinée cruelle de la comtesse de Leicester interrompit tout à coup les plaisirs de Kenilworth. Leicester se retira de la cour, et s'abandonna long-temps à ses regrets. Mais comme, dans sa dernière déclaration, Varney avait épargné son ancien patron, le comte devint plutôt l'objet de la pitié que du ressentiment de la reine. Élisabeth le rappela enfin à la cour; il fut de nouveau distingué comme homme d'état et favori. Le reste de sa carrière est bien connu dans l'histoire; mais il y eut une espèce de justice céleste dans sa mort, si, d'après un bruit généralement accrédité, il fut victime d'un poison destiné à un autre.

Sir Hugh Robsart mourut bientôt après sa fille. Il avait légué son héritage à Tressilian; mais ni l'espoir d'une vie indépendante à la campagne, ni les promesses de faveur que lui fit Élisabeth pour l'attacher à sa cour, ne purent l'arracher à sa profonde mélancolie. Enfin, ayant pourvu à l'existence des anciens amis et des vieux domestiques de sir Hugh, il s'embarqua pour l'expédition de Virginie avec son ami Raleigh, et, jeune d'années, mais vieux de chagrins, il mourut d'une mort précoce dans une terre étrangère.

Quant aux personnages secondaires de notre histoire, il est nécessaire seulement de dire que l'esprit de Blount devint plus brillant à mesure que ses rosettes jaunes se flétrirent, et qu'il se conduisit en vaillant officier dans la guerre, qui était son véritable élément plutôt que la cour.

Quant à Flibbertigibbet, son esprit délié lui valut des distinctions, et la faveur de Burleigh et de Cécil.

L'esquisse de cette histoire se trouve dans les *Antiquités du comté de Berks, par Ashmole*, et il en est question souvent dans les ouvrages qui font mention de Leicester.

L'ingénieux traducteur de Camoëns, Williams-Julius Mickle, a fait, sur la fin tragique de la comtesse, une élégie touchante, intitulée *Cumnor-Hall*, qui se termine par ces vers :

> Le cœur ému, la craintive bergère
> De Cumnor-Hall contemple les débris,
> Et ne va plus de son parc solitaire
> D'un pied léger fouler le vert tapis.
> Le pèlerin, quand vient la nuit obscure,
> Du vieux château s'éloigne avec terreur,
> Et chaque fois que la brise murmure,
> Il croit entendre un accent de douleur (1).

(1) Nous aurions pu ajouter au récit des fêtes de Kenilworth quelques détails empruntés aux ouvrages cités ici, et à la relation de Laneham ; mais nous avons mentionné ces diverses publications originales dans la Notice historique. — Éd.

FIN DE KENILWORTH.

ŒUVRES COMPLÈTES
DE
SIR WALTER SCOTT.

Cette édition sera précédée d'une notice historique et littéraire sur l'auteur et ses écrits. Elle formera soixante-douze volumes in-dix-huit, imprimés en caractères neufs de la fonderie de Firmin Didot, sur papier jésus vélin superfin satiné; ornés de 72 *gravures en taille-douce* d'après les dessins d'Alex. Desenne; de 72 *vues* ou *vignettes* d'après les dessins de Finden, Heath, Westall, Alfred et Tony Johannot, etc., exécutées par les meilleurs artistes français et anglais; de 30 *cartes géographiques* destinées spécialement à chaque ouvrage; d'une *carte générale de l'Écosse*, et d'un *fac-simile* d'une lettre de Sir Walter Scott, adressée à M. Defauconpret, traducteur de ses œuvres.

CONDITIONS DE LA SOUSCRIPTION.

Les 72 volumes in-18 paraîtront par livraisons de 3 volumes de mois en mois; chaque volume sera orné d'une *gravure en taille-douce* et d'un titre gravé, avec une *vue* ou *vignette*; et chaque livraison sera accompagnée d'une ou deux *cartes géographiques*.

Les *planches* seront réunies en un cahier séparé formant *atlas*.

Le prix de la livraison, pour les souscripteurs, est de 12 fr. et de 25 fr. avec les gravures avant la lettre.

Depuis la publication de la 3e livraison, les prix sont portés à 15 fr. et à 30 fr.

ON NE PAIE RIEN D'AVANCE.

Pour être souscripteur il suffit de se faire inscrire à Paris
Chez les Éditeurs :

CHARLES GOSSELIN, LIBRAIRE
DE S. A. R. M. LE DUC DE BORDEAUX,
Rue St.-Germain-des-Prés, n. 9.

A. SAUTELET ET Cº,
LIBRAIRES,
Place de la Bourse.

www.ingramcontent.com/pod-product-compliance
Lightning Source LLC
Chambersburg PA
CBHW050324170426
43200CB00009BA/1450